I0365914

www.ingramcontent.com/pod-product-compliance
Lightning Source LLC
Chambersburg PA
CBHW040000080526
44586CB00027B/2833
9781927874714

سالک

خضر کی سچ کی تلاش کی کہانی

ڈاکٹر خالد سہیل

سالک

ایک مختصر خوش نوشتہ سوانح عمری

ڈاکٹر خالد سہیل

سانجھ
SANJH
PUBLICATIONS

سچ کی تلاش میں نکلے
ہوئے مسافروں
کے نام

سالک

خودنوشتہ سوانح عمری

اشاعت اوّل : 2024
ٹائٹل ڈیزائن : صابر نذر
لے آوٹ ڈیزائن : صابر نذر
مشینی کتابت : ارشد حسین
تصاویر : عظمیٰ بنت عزیز
تعداد : 500
ای میل : welcome@drsohail.com

Salak

(Autobiography by Khalid Sohail)

Copyright ©. 2024 1st Edition

Except in Pakistan this book is sold subject to the condition that it shall not, by way of trade or otherwise, be lent, resold, hired out or circulated without the consent of the author or the publisher in any form of binding or cover other than that in which it is published.

Price:
In Pakistan: Rs. 1195.00

Published by:

سانجھ
SANJH
PUBLICATIONS

Book Street, 46/2 Mozang Road, Lahore, Pakistan.
Phone: +92 333-4051741
e-mail: sanjhpk@yahoo.com, sanjhpks@gmail.com
Web: www.sanjhpublications.com
ISBN : 978-969-593-425-8

فہرست

صفحہ	عنوان	صفحہ	عنوان
41	قصہ گو	9	تعارف ...... ڈاکٹر خالد سہیل
43	ایک بوسہ	12	خضر
45	انسان دوست افسانہ نگار	13	زندگی کی شام
47	شاعر	16	کتابیں ہی کتابیں
49	طب	19	روایت
51	خواب دیکھنے والا	20	مذہب
52	آزمائش کے سو دن	21	تصوف
54	تین ڈ	22	دانائی
56	محبت	23	شیر کی زندگی
58	دو نظمیں	25	دوستی
62	میجائی	26	ایمان
64	ہر دل عزیز ٹیم	27	سائنس
66	خدمت	31	انسانی دکھ
68	آزادی	32	صحیفے
72	آزادی کی قیمت	33	منافقت
75	ادبی سفیر	35	بغاوت
76	ادیبوں کی دو اقسام	37	ایک خاص تحفہ
78	اخلاص	40	سرگوشی

تاریخ	121	ڈائری کا ایک صفحہ	80
اسرار	123	فنکار	81
راز	124	فیملی آف دی ہارٹ	83
کشیرالکائناتی دنیا	126	سخاوت	85
سچائیاں	130	میزبان	86
سائیکولوجی	131	اینتھولوجی	88
سیاحت	134	پانچ خصوصی دوست	91
عاجزی	136	انقلاب	93
تاریک رُخ	138	وفادار	97
عدم تشدد	140	مہربانی	99
وعدہ	144	ہمزاد	103
امن	146	مداح	105
رشتے	148	حریف	107
آخری ملاقات	151	دو حیرتیں	109
تلاش	155	مقبول	111
امید	157	مزاح	113
نئی صبح	161	ادب	117
		پروفیسر	119

شکریہ

عظمیٰ بنت عزیز

کا خصوصی شکریہ

جن کی معاونت کے بغیر

'سالک' کا ادبی خواب

شرمندہ تعبیر نہ ہو پاتا

تعارف

معزز قارئین!

'سالک' کو تحریر کرنا میری ادبی زندگی کا ایک منفرد اور بھر پور تجربہ تھا۔

اس تجربے نے مجھے ایک ادیب کے طور پر بھی بدلا اور ایک انسان کے طور پر بھی۔

'سالک' کو رقم کرنے کے دوران مجھے اپنی شخصیت کے ان تخلیقی اور نفسیاتی پہلوؤں سے آگاہی حاصل ہوئی جن سے میں پہلے متعارف نہ تھا۔

اس تجربے کے دوران مجھے یوں محسوس ہوا جیسے میں ساری عمر اپنی ذات کی پہلی منزل پر زندگی بسر کر رہا تھا اور پھر میں نے اپنی ذات کا داخلی دروازہ دریافت کیا۔ وہ دروازہ ہمیشہ سے وہاں موجود تھا لیکن میں نے اسے کبھی کھولا نہ تھا۔

مجھے خبر ہی نہ تھی کہ اسے کھولا بھی جاسکتا ہے۔

مجھے خبر نہ تھی کہ وہ کبھی بند ہی نہ تھا۔

جب میں اس دروازے سے اندر گیا تو مجھے سیڑھیاں دکھائی دیں وہ سیڑھیاں میری ذات کی بالائی منزل کی طرف بھی جا رہی تھیں اور نچلی منزل کی طرف بھی۔

جب میں اپنی ذات کی بالائی منزل پر گیا تو میرا تعارف نئی تشبیہوں اور استعاروں سے ہوا اور جب میں اپنی شخصیت کی نچلی منزل میں گیا تو میری ملاقات ان گھمبیر جذبات سے ہوئی جن کا مجھے پہلے کبھی تجربہ نہ ہوا تھا۔

خضر کی کہانی ایک انسان کی کہانی سے شروع ہوئی لیکن پھر وہ پھیلتے پھیلتے پوری انسانیت کی

کہانی بن گئی۔

خضر کی کہانی کا چند دہائیوں کی کہانی سے آغاز ہوا اور چند صدیوں کی کہانی پر اختتام۔

جب میں خضر کی کہانی رقم کر رہا تھا تو میں ایک تخلیقی ٹرانس میں تھا اور یہ ٹرانس سات اکتوبر سے سات نومبر دو ہزار سولہ کے چار ہفتوں تک جاری رہا۔

وہ تجربہ
منفرد بھی تھا غیر معمولی بھی
گہرا بھی تھا بھرپور بھی
اس میں بے خودی بھی تھی وارفتگی بھی
'سالک' کو تخلیق کرنا تجربے سے زیادہ ایک واردات تھی
اسی لیے میں نے ہر باب کو ایک تجربے کی بجائے ایک واردات کا نام دیا۔
ان وارداتوں کے دوران
کبھی میں نے مسرت و انبساط کی بلندیوں کو

اور
کبھی اداسی و غمگینی کی گہرائیوں کو چھوا۔
کبھی میں بہت دکھی ہوا اور کبھی بہت سکھی۔

اس کہانی کو تحریر کرتے ہوئے مجھے یہ ادراک ہوا کہ میری کہانی میرے خاندان' میرے قبیلے اور پوری انسانیت کے ساتھ جڑی ہوئی ہے۔

اس کہانی کو تخلیق کرتے ہوئے مجھے یہ شعور حاصل ہوا کہ
ہر نسل کا شعور
پچھلی نسلوں کے ساتھ بھی جڑا ہوا ہے

اور اگلی نسلوں کے ساتھ بھی۔

اس کہانی کو رقم کرتے ہوئے مجھے یہ احساس ہوا کہ کیسے ہر انسان پوری انسانیت کے ساتھ کچے دھاگے سے جڑا ہوا ہے اور دنیا بھر کے سب انسان ایک ہی خاندان کا حصہ ہیں کیونکہ وہ سب دھرتی ماں کے بچے ہیں۔ اسی لیے ہم سب انسانوں کو محبت' پیار' دوستی اور اپنائیت سے مل جل کر رہنا چاہیے تاکہ ہم کرہ ارض پر کامل انسان بن کر پرامن معاشرے قائم کر سکیں اور اپنی انفرادی اور اجتماعی زندگی کو جنت بنا سکیں۔

'سالک' کو تخلیق کرنا میری زندگی کے بامعنی' بامقصد' بھرپور اور غیر معمولی تخلیقی تجربات میں سے ایک تھا۔

مجھے قوی امید ہے کہ 'سالک' پڑھتے ہوئے آپ کو بھی اندازہ ہوگا کہ آپ کی ذات میں بھی ایک خفیہ دروازہ موجود ہے اور وہ کھلا ہے جس سے گزر کر آپ بھی اپنی شخصیت کے مخفی پہلوؤں سے متعارف ہو سکتے ہیں۔

'سالک' میرا ساری انسانیت کے نام ایک محبت بھرا تحفہ ہے خاص طور پر ان لوگوں کے لیے جو سچ کی تلاش میں نکلے ہوئے مسافر ہیں۔

آپ کا ہمسفر

خالد سہیل ۲۷ نومبر ۲۰۱۶

خضر

دنیا میں صرف چند لوگ ہی
اتنے خوش قسمت ہوتے ہیں کہ وہ
اس حقیقت کا عرفان حاصل کر سکیں کہ
زندگی اپنی آغوش میں کتنے
طلسماتی راز ہائے سربستہ چھپائے ہوئے ہے
اور خضر
ایسے ہی خوش بخت انسانوں میں سے ایک تھا

زندگی کی شام

ایک صبح جب خضر نے آئینے میں دیکھا اور اسے اپنے بالوں میں چاندی کے چند تار دکھائی دیے تو اسے احساس ہوا کہ وہ اپنی زندگی کی شام میں داخل ہو رہا ہے۔

خضر تمام عمر سچائی کی تلاش میں سرگرداں رہا تھا۔ اس نے کئی موقعوں پر سچائی کی چند جھلکیاں دیکھی بھی تھیں لیکن وہ کبھی بھی سچائی کی پوری تصویر نہ دیکھ پایا تھا۔ وہ کبھی بھی یہ نہ جان سکا تھا کہ کیا سچ اس پر پوری طرح منکشف نہیں ہوا تھا یا وہ سچائی کو پوری طرح جذب کرنے کی صلاحیت نہیں رکھتا تھا۔

اور اب زندگی کی شام میں وہ اپنے آپ سے پوچھ رہا تھا

کیا مجھے سچ کی تلاش جاری رکھنی چاہیے؟

یا اس تلاش سے دست بردار ہو جانا چاہیے؟

اور اگر وہ اس تلاش کو چھوڑ دیتا ہے تو کیا اس کا یہ مطلب ہو گا کہ وہ اس جہد مسلسل سے مستعفی ہو گیا ہے

یا اس نے اپنے تلاش کی انسانی حدود کو قبول کر لیا ہے؟

ان سوالوں کے بارے میں بہت غور و خوض کرنے کے باوجود وہ ان کے تسلی بخش جواب نہ پا سکا۔

اس نے خود کو ایک دوراہے پر کھڑا پایا۔
اس کی زندگی میں
ایسی صبحیں بھی آئیں
جب اس کے دل میں تلاش کا جذبہ عود کر آتا
اور وہ نئے سفر پر روانہ ہو جاتا
اور
ایسی شامیں بھی آئیں
جب وہ تھک ہار کر بیٹھ جاتا۔
خضر ساری عمر اپنے دل میں
ایک خواہشُ
ایک آرزوُ
ایک امیدُ
ایک خواب
اور
ایک آدرش
کو پالتا رہا تھا کہ وہ پورے سچ کو گلے لگا لے

لیکن اب اسے ڈر تھا کہ کہیں وہ بھی ساری دنیا کے ان گنت انسانوں کی طرح اپنی شخصیت کی تکمیل سے پہلے ہی اس دنیا سے رخصت نہ ہو جائے۔ پوری طرح پیدا ہونے سے پہلے ہی مر نہ جائے۔

کتابیں ہی کتابیں

خضر کو کتابیں پڑھنے کا بہت شوق تھا۔ اپنی نوجوانی میں وہ مقامی لائبریریوں میں جایا کرتا تھا اور

"ادب اور فلسفہ"

"مذہب اور سیاست"

"شاعری اور افسانہ نگاری"

"نفسیات اور سماجیات"

کے شیلفز سے کتابیں ادھار لایا کرتا تھا۔

جیسے جیسے وہ صاحب استطاعت ہوتا گیا اس نے کتابیں خریدنا اور جمع کرنا شروع کر دیں اور اب اس نے اپنے گھر میں ایک ذاتی لائبریری بنا لی تھی جس میں دنیا بھر کی سینکڑوں نہیں ہزاروں کتابیں جمع تھیں۔

گھر میں جگہ جگہ کتابیں موجود تھیں۔

ڈرائنگ روم میں کتابیں

واش روم میں کتابیں

اور بیڈروم میں بھی کتابیں

المماریوں میں کتابیں
میزوں پر کتابیں
کرسیوں پر کتابیں
اور فرش پر بھی کتابوں کی پہاڑیاں موجود تھیں
خضر جب بھی کتابوں میں گھرا ہوتا تو اسے یوں لگتا جیسے وہ جنت میں ہو۔
اس کی کتابوں کی بے ترتیبی میں بھی ایک ترتیب تھی
وہ کتابیں اور ان کے مصنف اس کے دوست بن گئے تھے۔
وہ خضر کے لیے
قلبی سکون
ذہنی اطمینان
اور
تخلیقی تحریک کا ذریعہ تھے۔
گھر میں ایک خاص کمرہ تھا جہاں
خضر
کبھی کرسی پر
کبھی صوفے پر

اور کبھی فرش کے قالین پر بیٹھ کر لکھتا تھا۔
وہیں بیٹھ کر اس نے اپنی نظمیں اپنی غزلیں اور اپنی کہانیاں رقم کی تھیں
اسی لیے اس نے اس کمرے کا نام
تخلیقی لیبر روم
رکھا تھا۔
خضر اکیسویں منزل پر رہتا تھا۔ وہاں ایک بالکونی بھی تھی۔
یہ خضر کا پڑھنے کا کمرہ تھا۔ وہ بالکونی میں شام کو بیٹھ کر سبز چائے پیتا اور کتابیں پڑھتا۔
وہ اپنی بالکونی سے جھیل دیکھ سکتا تھا۔ کئی صبحیں ایسی بھی تھیں جب اسکا دل جھیل کے کنارے لمبی سیر کرنے کی سرگوشی کرتا اور
وہ سیر کے دوران
جھیل کی لہروں
آبی پرندوں
اور
سورج کی کرنوں
سے مسحور و محظوظ ہوتا۔

روایت

خضر کی پیدائش روایت کی سرزمین میں ہوئی تھی۔ اس سرزمین میں وہ جہاں بھی گیا اور جس سے بھی ملا اسے یہ معلوم ہوا کہ ان سب نے ایک ہی سچائی کو دل کی گہرائیوں سے مان رکھا تھا اور وہ سب اپنی سچائی کو واحد سچائی، مطلق سچائی، حتمی سچائی اور ابدی سچائی سمجھتے تھے۔ ان میں سے کسی کی بھی ذاتی سچائی نہیں تھی۔ روایت کی سرزمین میں چاروں طرف ایک ایسی اجتماعی سچائی جلوہ گر تھی جو صدیوں سے ایک نسل سے دوسری نسل تک منتقل ہوتی آئی تھی۔

مذہب

خضر کی ایک روایتی ماں تھی جس کا نام مذہب تھا۔ وہ ایک خالق خدا اور فرشتوں پر یقین رکھتی تھی۔ وہ تو ہم پرست تھی اور بھوتوں سے ڈرتی بھی تھی۔ جب بھی وہ پریشان ہوتی تھی، وہ اپنے خالق سے دعائیں مانگتی تھی کیونکہ وہ کرامات اور معجزات پر یقین رکھتی تھی۔ جب بھی وہ کسی مصیبت میں گرفتار ہوتی تھی وہ اسے اپنے گناہوں کی سزا سمجھتی تھی۔ چنانچہ وہ قربانی دے کر اپنے اللہ سے معافی مانگتی تھی۔ جب خضر چھوٹا تھا تو اس کی ماں اسے نماز پڑھنے، روزہ رکھنے اور مذہبی روایات پر عمل کرنے کی تلقین کرتی تھی۔ خضر کی ماں کا دل محبت کے ساتھ ساتھ احساس گناہ سے بھی بھرا رہتا تھا۔ اسے یہ ڈر تھا کہ اگر اس نے مذہبی اصولوں پر عمل نہ کیا تو کہیں مرنے کے بعد اسے گنہگار سمجھ کر جہنم میں نہ بھیج دیا جائے۔

تصوف

خضر کا ایک غیر روایتی باپ تھا جس کا نام تصوف تھا۔ نوجوانی میں وہ ایک سائنس دان ہوا کرتا تھا لیکن پھر اسے اپنے مذہبی اور سائنسی عقائد کے درمیان شدید تصادم کا سامنا کرنا پڑا اور وہ ایک بحران کا شکار ہو گیا۔ جب وہ اس بحران سے نکلا تو وہ ایک صوفی بن چکا تھا۔

اس بحران کو لوگوں نے نفسیاتی مسئلہ جانا لیکن خضر کے والد نے اسے اپنی روحانی پیش رفت سمجھا۔

صحت یاب ہونے کے بعد

خضر کے باپ نے

سادہ خوراک

سادہ لباس

اور سادہ طرز زندگی اپنایا

اس نے اپنے خدا سے دل لگایا

جس سے اس نے بہت ذہنی سکون پایا۔

اس کے بعد اس نے اپنی بقیہ زندگی طلبا کو پڑھانے اور انسانیت کی خدمت کرنے کے لیے وقف کر دی۔

دانائی

خضر کی ایک نانی بھی تھی جس کا نام دانائی تھا۔

خضر دانائی کو بہت پسند کرتا تھا۔ وہ ہر سال گرمیوں کی چھٹیوں میں اس سے ملنے جاتا تھا۔ جب بھی دانائی اس سے ملتی تو وہ خضر کے ماتھے پر بوسہ دیتی اور اس سے اس کی رائے پوچھتی

بیٹا آپ مالٹے کا جوس پئیں گے یا دودھ؟

آپ ٹھنڈا دودھ پئیں گے یا گرم؟

آپ رات کو کمرے میں سوئیں گے یا چھت پر؟

باقی تمام رشتہ دار خضر کے ساتھ چھوٹے بچے کی طرح برتاؤ کرتے تھے لیکن اس کی نانی دانائی اسے ایک چھوٹا انسان سمجھ کر عزت دیتی تھی جسے خضر بہت پسند کرتا تھا۔

شیر کی زندگی

ایک شام خضر نے اپنی نانی جان سے پوچھا

''نانی اماں! آپ مجھے بڑا ہو کر کیا دیکھنا چاہیں گی؟''

''ایک شیر''

''شیر کیوں؟'' خضر کو تجسس ہوا۔

''بیٹا، جنگل میں تین طرح کے جانور رہوتے ہیں۔

پہلی قسم شیر ہے۔ وہ جنگل کا بادشاہ ہے۔ وہ آزاد اور خود مختار ہے۔ جب وہ بھوکا ہوتا ہے تو شکار کرتا ہے۔

ایک بار جب وہ اپنے حصے کا گوشت کھالیتا ہے تو باقی گوشت دوسرے جانوروں کے لیے چھوڑ دیتا ہے۔ جب وہ دوبارہ بھوکا ہوتا ہے تو وہ نئے جانور کا شکار کرتا ہے۔ وہ بچا ہوا کھانے کے لیے کبھی واپس نہیں جاتا۔

دوسری قسم گیدڑ ہے۔ جب اسے بھوک لگتی ہے تو وہ شیر کے کھانے کا بچا ہوا حصہ کھالیتا ہے۔

تیسری قسم گدھ ہے۔وہ گیدڑ کے کھانے کا بچا ہوا کھاتا ہے۔وہ مردہ جانوروں اور لاشوں کو کھاتا ہے۔

جب تم بڑے ہو جاؤ گے تو میں چاہوں گی کہ تم شیر بنو۔تم اپنی روٹی روزی خود کماؤ،اس میں سے کچھ اپنے اوپر خرچ کرو اور باقی غریبوں اور مسکینوں میں تقسیم کر دو۔''

خضر کو وہ کہانی بہت پسند آئی یہ علیحدہ بات کہ وہ اس کہانی میں مخفی معانی پوری طرح سمجھ نہ پایا تھا۔

دوستی

خضر کی ایک چھوٹی بہن تھی جس کا نام دوستی تھا۔ بچپن میں وہ ایک ساتھ کھیلنا پسند کرتے تھے۔ ایک دن کھیلتے ہوئے خضر نے اسے بے دھیانی میں دھکا دیا اور وہ گر گئی اور اسے چوٹ آئی۔ شام کو جب وہ کھانا کھا رہے تھے تو اس نے اپنے والد سے شکایت کی کہ خضر نے اسے تکلیف دی ہے۔

ان کے والد نے خضر سے کہا کہ وہ اپنی چھوٹی بہن سے معافی مانگے۔

والد کا مشورہ سن کر خضر نے پہلے سر کھجایا پھر اپنا تھوک اور غرور نگلا اور پھر معافی مانگی۔

معافی مانگنے کے بعد اس کے والد نے اسکی بہن سے پوچھا

کیا تم نے اپنے بڑے بھائی کو معاف کر دیا ہے؟

بہن نے کہا۔۔۔ ہاں۔۔۔

اس ایک لفظ نے اسے طاقت بخشی۔ خضر کے والد نے اس بات کو یقینی بنایا کہ خضر کی چھوٹی بہن کی عزت نفس مجروح نہ ہو۔

خضر کے لیے وہ ایک تکلیف دہ تجربہ تھا لیکن اس نے اس تجربے سے سبق سیکھا۔ اس نے نہ صرف اپنی بہن بلکہ ہر اس عورت کا احترام کرنا سیکھا جس سے وہ اپنی زندگی میں ملا۔ جب خضر جوان ہوا تو اس نے اپنی زندگی میں بہت سی خواتین دوست بنائیں لیکن تمام عمر اس کی بہن اس کی سب سے زیادہ مخلص اور وفادار دوست رہی۔

ایمان

خضر کو اندازہ ہی نہ تھا کہ وہ اپنی مادر اور مادر وطن کی روایات اور اقدار کو لاشعوری طور پر اپنی شخصیت میں جذب کر رہا تھا۔ خضر کو احساس ہی نہ تھا کہ وہ بھی اپنے معاشرے کے لاکھوں لوگوں کی طرح دھیرے دھیرے آسمانی خدا' فرشتوں' نبیوں' صحیفوں' جنت اور دوزخ پر اندھا ایمان لے آیا تھا۔

جب تک خضر کو شعور آیا وہ ایک صاحب ایمان انسان بن چکا تھا۔

سائنس

خضر کو اپنے ایمان کے پہلے بحران کا اس وقت تجربہ ہوا جب نوجوانی میں ایک شام اس نے بہت سے لوگوں کو عیدگاہ میں نماز پڑھتے دیکھا۔ وہ جانتا تھا کہ نہ تو وہ عید کا دن ہے اور نہ ہی عید کی نماز کا وقت۔ اس نے اپنی والدہ سے پوچھا

ماں جی! آج اتنے زیادہ لوگ عیدگاہ میں نماز پڑھنے کیوں آئے تھے؟

ماں نے جواب دیا

وہ لوگ نماز کی دعا کر رہے تھے۔

کئی ہفتوں سے بہت گرمی ہے اور بہت سے بچے اور جانور گرمی کی شدت سے مر رہے ہیں۔

یہ پہلا موقع تھا جب خضر نے

اپنی ماں کی رائے سے اتفاق نہیں کیا

اپنی ماں کے احترام کی وجہ سے وہ خاموش رہا

لیکن اس کا شک اس کے دل و دماغ سے نہ نکلا۔

اگلے دن خضر نے اپنے استاد جن کا نام سائنس تھا پوچھا،

’’استادِ محترم! کیا لوگ نماز پڑھنے سے بارش پیدا کر سکتے ہیں؟‘‘

’’تم نے یہ سوال کیوں کیا؟‘‘ سائنس نے پوچھا

’’کل، میں نے بہت سے آدمیوں کو بارش کی دعا کرتے دیکھا۔‘‘ استاد نے مسکرا کر کہا، ’’خضر، بادل ہو یا دھوپ، بارش ہو یا برف باری، چاند گرہن ہو یا سورج گرہن، یہ سب قوانین فطرت کے مطابق ہوتے ہیں۔ اور کوئی بھی انسان ان قوانین کو نہیں بدل سکتا۔‘‘

خضر اپنے استاد کی دلیل سے بہت متاثر ہوا لیکن وہ پھر بھی مشکوک تھا۔ اس کا دماغ اپنے استاد سے متفق تھا لیکن اس کا دل اپنی ماں پر یقین کرنا چاہتا تھا۔

خضر بے چینی سے بارش کا انتظار کرتا رہا۔

ایک دن گزر گیا۔

دو دن گزر گئے۔

تین دن گزر گئے۔

ایک ہفتہ گزر گیا۔

دو ہفتے گزر گئے۔

تین ہفتے گزر گئے۔

آخر کار خضر اپنی ماں کے پاس واپس گیا اور کہا۔

ماں جی! دعاؤں کے باوجود پچھلے تین ہفتوں سے بارش نہیں ہوئی۔
بیٹا یہ تو اللہ کی مرضی ہے، شاید وہ لوگ جو نماز پڑھنے آئے تھے وہ نیک لوگ نہیں تھے۔ اللہ صرف نیک لوگوں کی دعا سنتا ہے۔
خضر خاموش رہا لیکن اسے یقین نہ آیا۔ وہ اپنی ماں پر یقین تو کرنا چاہتا تھا لیکن اس کا دل پھر بھی نہ مانتا تھا۔

انسانی دکھ

خضر نے اپنی نوعمری میں بہت سے مصائب کا مشاہدہ کیا:
نفسیاتی مصائب کا بھی اور سماجی مصائب کا بھی،
مذہبی مصائب کا بھی اور سیاسی مصائب کا بھی،
معاشی مصائب کا بھی اور ثقافتی مصائب کا بھی۔
خضر نے ایسے بچے دیکھے جو رات کو بھوکے سوتے تھے
خضر نے ایسے نوجوان دیکھے جو سکول جانے کی استطاعت نہ رکھتے تھے
خضر نے ایسی عورتیں دیکھیں جنہیں ان کے شوہر زدوکوب کیا کرتے تھے
خضر نے ایسے بزرگ دیکھے جنہیں ان کے گھر والے بھول چکے تھے
خضر نے ایسی مذہبی اقلیتوں کے افراد دیکھے جن سے مذہبی اکثریت کے افراد اتنی نفرت کرتے تھے کہ ان کے گھر کے باہر کوڑا اچھینکتے تھے
خضر نے ایسے نوجوان بھی دیکھے جو مذہب اور حب الوطنی کی جنگوں میں مارے گئے جس کی وجہ سے ان کی بیویاں بیوہ اور بچے یتیم ہو گئے
خضر نے جب نوجوانی میں یہ سب کچھ دیکھا تو وہ اداس و غمگین ہو گیا۔

خضر نے سوچا کہ اگر انسان اپنے آپ کو دانا اور اشرف المخلوقات سمجھتے ہیں تو انہوں نے ایک دوسرے کے ساتھ امن اور سکون اور آشتی سے کیوں رہنا نہیں سیکھا؟

خضر نے اپنے آپ سے پوچھا کہ وہ انسانوں کی

دکھ کم کرنے

سکھ بڑھانے

اور پرامن معاشرہ قائم کرنے میں

کیا مدد کر سکتا ہے؟

وہ انسانیت کی بہتری کے لیے کیا خدمت سرانجام دے سکتا ہے؟

صحیفے

ایک شام خضر کی والدہ نے کہا

'بیٹا! اب تم اتنے بڑے ہو گئے ہو کہ صحیفوں کا سنجیدگی سے مطالعہ کر سکو تا کہ یہ زندگی میں تمہاری رہنمائی کر سکیں اور تم راہ راست پر چل سکو'

خضر اپنی والدہ کے مشورے پر عمل کرنا چاہتا تھا اس لیے وہ مقامی لائبریری میں گیا اور بہت سے قدیم صحیفے گھر لے آیا۔

خضر کو یہ جان کر حیرانی ہوئی کہ وہ ایسی زبانوں میں لکھے ہوئے تھے جو ہزاروں سال پرانی تھیں۔

خضر چونکہ ان قدیم زبانوں سے ناواقف تھا اس لیے اس نے ان صحیفوں کے وہ تراجم حاصل کیے جو ان زبانوں کے مذہبی سکالروں نے کیے تھے۔

خضر کو یہ جان کر مزید حیرت ہوئی کہ وہ مترجم ایک دوسرے سے بالکل متفق نہ تھے۔ ان سکالروں کے تراجم نہ صرف ایک دوسرے سے مختلف تھے بلکہ متضاد بھی تھے۔

خضر نے چند برس کی محنت، مشقت اور ریاضت سے یہ جان لیا کہ وہ صحیفے اپنی متضاد تشریحات کی وجہ سے اس کی زندگی کی رہنمائی نہیں کر سکتے۔

خضر نے صحیفوں کا جتنا زیادہ مطالعہ کیا، اسے اتنا ہی زیادہ دکھ ہوا، کیونکہ وہ اپنا اعتقاد کھوتا جا رہا تھا اور اس کے اندھے ایمان کی ٹھوس برف پگھل رہی تھی۔

32

منافقت

خضر کی ملاقات ایک مذہبی رہنما سے ہوئی جس کا نام منافقت تھا۔

اس کے چہرے پر لمبی کالی داڑھی اور سر پر چھوٹی سی سفید ٹوپی تھی۔

اس رہنما کے خطبے اتنے سحر انگیز اور جوشیلے تھے کہ اس نے اپنے اردگرد بہت سے چاہنے والے اور چیلے جمع کر رکھے تھے۔

خضر کا اس مذہبی رہنما میں تجسس بڑھا تو اس نے اس رہنما کی زندگی کا سنجیدگی سے مطالعہ وتجزیہ کرنا شروع کر دیا۔

خضر کو جلد ہی اندازہ ہو گیا کہ وہ رہنما ایک جعلی رہنما تھا کیونکہ اس کے قول وفعل میں بہت بڑا تضاد تھا۔

وہ رہنما اپنے خطبات میں محبت' امن اور آشتی کی تبلیغ کرتا تھا لیکن اپنی گھریلو زندگی میں ظلم' جبر اور تشدد کا مظاہرہ کرتا تھا۔ وہ اپنی بیوی کی تذلیل اور بچوں کی تحقیر کرتا تھا اور غصہ آنے پر انہیں مارتا پیٹتا بھی تھا۔

خضر کو اس مذہبی رہنما کی زندگی اس کیچ اپ کی بوتل کی طرح لگی جو دور سے بھری

دکھائی دیتی ہے لیکن اندر سے خالی ہوتی ہے اور اس میں سے کچھ نکالنے کے لیے بہت محنت کرنی پڑتی ہے۔

جوں جوں خضر منافقت کی اصل جانتا گیا وہ اس سے دور ہوتا گیا لیکن اس کے اردگرد ان گنت لوگ ایسے تھے جو منافقت کی طلسماتی شخصیت اور شاطرانہ چالوں کے اسیر ہو چکے تھے اور بغیر سوچے سمجھے اس کے پیروکار بن چکے تھے۔

وہ لوگ اس رہنما پر اندھا اعتماد و اعتقاد رکھتے تھے۔

خضر پر جب منافقت کی حقیقت اجاگر ہوئی تو اس نے اس موضوع پر ایک افسانہ بھی لکھا جو اس کے کالج کے میگزین میں شائع ہوا۔

بغاوت

نوجوانی میں خضر کا ایک دوست تھا جس کا نام بغاوت تھا۔ وہ دوست ہر غیر منصفانہ اصول' قانون اور روایت کو چیلنج کرتا تھا۔ بغاوت کا یہی موقف نہ تھا کہ دنیا کے سب فلسفے اور مذاہب انسانوں نے بنائے ہیں بلکہ یہ بھی مانتا تھا کہ انسان خدا کی تخلیق نہیں بلکہ انسانی ذہن نے خدا کے تصور کو تخلیق کیا ہے۔

بغاوت کا کہنا تھا کہ اگر ہم انسانی تاریخ کا مطالعہ کریں تو ہمیں پتہ چلتا ہے کہ ہر دور اور ہر ثقافت کے انسانوں نے خدا کا اپنا جداگانہ تصور پیش کیا۔ کوئی قوم جتنی زیادہ زبوں حال اور مایوس ہوتی ہے اسے خدا کے سہارے کی اتنی ہی زیادہ ضرورت محسوس ہوتی ہے۔

بغاوت کا کہنا تھا کہ اگر خدا موجود ہے تو

یا تو وہ ظالم ہے یا بے بس

جب خضر نے بغاوت سے یہ پوچھا کہ وہ خدا کے بارے میں ایسا تصور کیوں رکھتا ہے تو بغاوت نے کہا

'اگر خدا انسانی مصائب کو روک سکنے کے باوجود نہیں روکتا تو وہ ظالم ہے اور اگر روک ہی نہیں سکتا تو وہ بے بس ہے'۔

جب خضر کے گردونواہ میں بسنے والوں کو پتہ چلا کہ خضران کے اندھے اعتقاد کو چیلنج کر رہا ہے تو انہوں نے خضر پر توہین مذہب اور بلاسفیمی کے الزام لگائے لیکن اس سے پہلے کہ خضران متشدد بنیاد پرستوں کے ہاتھوں

سنگسار ہو جاتا وہ آدھی رات کو روایت کی سرزمین سے انجانی منزلوں کی طرف کوچ کر گیا اور پھر کبھی لوٹ کر نہ آیا۔

ایک خاص تحفہ

خضر کو دریا کے کنارے چہل قدمی کرنے کا بہت شوق تھا۔ وہ فطرت کے حسن کا گرویدہ تھا۔ ایک شام سیر کے دوران اس پر فطرت کا ایک راز منکشف ہوا۔ اس سیر کے دوران اسے احساس ہوا کہ

میری زندگی ایک خاص تحفہ ہے

اور اس کے چہرے پر ایک مسکراہٹ پھیل گئی۔

پھر اس پہلے احساس کی کوکھ سے دوسرا احساس پیدا ہوا۔

اگر زندگی ایک تحفہ ہے تو میں اسے جیسے چاہوں جی سکتا ہوں

اس احساس سے اسے اپنی آزادی کا بھی احساس ہوا۔ وہ اپنی زندگی کو چاہے تو بے مقصد گزار کر ضائع کر دے اور یا اسے با مقصد بنائے۔

خضر ان احساسات کی شدت سے اتنا مغلوب ہوا کہ وہ دریا کے کنارے بیٹھ گیا اور دریا میں کنکر پھینکنے لگا۔ اس دن اسے دریا بھی زیادہ دوستانہ دکھائی دینے لگا۔ دریا اپنی منزل کی طرف ایک خاص سمت میں بہہ رہا تھا اور خضر کو اپنی منزل کے بارے میں غور کرنے کی ترغیب دے رہا تھا۔

خضر اٹھا اور پھر چلنے لگا۔ اس نے اپنے آپ سے یہ سوال کیا

میں اپنی زندگی کو کیسے بامقصد بنا سکتا ہوں؟

خضر کو اس شام یہ بھی محسوس ہوا کہ اس کے ماضی کے فیصلے عادتاً تھے اس نے وہ فیصلے سوچ سمجھ کر نہیں کیے تھے۔

اس شام اسے احساس ہوا کہ اس نے بچپن سے بلوغت کی طرف قدم بڑھایا ہے اور اب وہ اپنی زندگی کے فیصلے سوچ سمجھ کر شعوری طور پر کر سکتا ہے۔

وہ شام خضر کے لیے ایک اہم شام تھی کیونکہ اس شام خضر کی زندگی ایک اہم موڑ مڑی تھی۔ اس شام جہاں ایک دور ختم ہوا تھا وہیں دوسرے دور کا آغاز بھی ہوا تھا۔

اس شام وہ اس امکان سے آگاہ ہوا تھا کہ اگر وہ چاہے تو وہ اپنی زندگی کو بامقصد بنا سکتا ہے۔

'میری زندگی کیسے بامقصد بن سکتی ہے؟'

یہ سوال پہلی بار اس نے اپنے آپ سے پوچھا تھا اور اسے یہ بھی احساس ہو گیا تھا کہ یہ سوال اس کے جواب سے زیادہ اہمیت کا حامل ہے۔

خضر کو اپنی ذات پر پورا اعتماد تھا کہ اگر وہ چند خواب دیکھ سکتا ہے تو پھر ان خوابوں کو شرمندہ تعبیر بھی کر سکتا ہے۔

اس شام وہ اس نئے احساس سے سرشار تھا مخمور تھا مسرور تھا۔

اس شام نے خضر کی زندگی کا رخ بدل دیا تھا بلکہ یہ کہنا بجا ہو گا کہ اس شام نے خضر کی

زندگی کو پہلی دفعہ ایک مخصوص رخ دیا تھا۔
اس شام خضر کو پہلی بار یہ احساس ہوا تھا کہ وہ خود اپنی زندگی کا مالک ہے۔ وہ شام ایک طلسماتی کیف لیے ہوئے تھی۔
اس شام کا سرور کئی ہفتوں تک قائم رہا جب تک کہ خضر نے اپنی مستقبل کی زندگی کے بارے میں چند خوابوں اور آدرشوں کا فیصلہ نہ کر لیا جو اس کی زندگی کو بامقصد بنا سکتے تھے۔

سرگوشی

ایک شام خضر شام کی سیر سے لطف اندوز ہو رہا تھا کہ اس نے ایک سرگوشی سنی۔ اس نے ادھر ادھر دیکھا لیکن وہاں کوئی نہ تھا۔

اسے جلد ہی احساس ہو گیا کہ

یہ اس کی دل کی سرگوشی ہے

یہ اس کی اندرونی آواز ہے۔

وہ اس کی میوس تھی جو

اس کے لیے اپنی پہلی نظم کا تحفہ لے کر آئی تھی۔

اس نے نظم کا عنوان رکھا

ڈر

باہر کے اس شور میں شاعر

مجھ کو ڈر ہے

اندر کی موسیقی اک دن مر جائے گی

اگلے چند ماہ اس کی میوس تواتر سے صبح و شام خضر کے لیے چھوٹی بڑی نظمیں لاتی رہی۔ خضر کو اس بات کی بے انتہا مسرت ہوئی کہ وہ ایک شاعر بن گیا ہے۔

قصہ گو

جب خضر کے دوستوں کو پتہ چلا کہ وہ خوبصورت نظمیں تخلیق کرتا ہے تو انہوں نے اسے مختلف تقاریب میں مدعو کرنا شروع کر دیا۔

وقت کے ساتھ ساتھ خضر ایک شاعر کی حیثیت سے مقبول ہو گیا۔

ایک شام جب خضر ایک محفل میں اپنی شاعری سنا کر لوٹا تو اس نے کیا دیکھا کہ اس کے والد اس کی والدہ سے شاعری کے بارے میں تبادلہ خیال کر رہے تھے۔ انہوں نے خضر کو دیکھا تو کہا کہ میں تمہیں ایک دلچسپ واقعہ سنانا چاہتا ہوں۔

خضر ہمہ تن گوش تھا۔

خضر کے والد نے کہا

ایک گاؤں میں ایک آدمی رہتا تھا جس کے تین بیٹے تھے

ایک دن وہ باپ سڑک کے کنارے بیٹھا رو رہا تھا

جب لوگوں نے رونے کی وجہ پوچھی تو اس نے کہا

میرا کوئی بیٹا نہیں بچا

لوگوں نے پوچھا

بڑے بیٹے کو کیا ہوا؟

کہنے لگا

وہ شہر نوکری کرنے گیا تھا پھر کبھی نہ لوٹا

درمیانی بیٹے کو کیا ہوا؟

اس نے شادی کر لی اور اب وہ اپنی بیوی کا ہو گیا ہے۔

اور سب سے چھوٹا بیٹا۔ وہ نہ تو شہر گیا ہے اور نہ ہی اس نے شادی کی ہے۔

باپ نے کہا

وہ شاعر بن گیا ہے

اس کے بعد خضر کے والد نے کہا

میرا تو ایک ہی بیٹا ہے اور وہ بھی شاعر بن گیا ہے۔

خضر اپنے والد کی کہانی سن کر بہت محظوظ ہوا۔

خضر کو یہ جان کر مسرت ہوئی کہ اس کے والد نہ صرف حس مزاح رکھتے ہیں بلکہ ایک اچھے قصہ گو بھی ہیں۔

ایک بوسہ

روایت کی سرزمین میں لڑکوں اور لڑکیوں' مردوں اور عورتوں کو علیحدہ علیحدہ رکھا جاتا تھا۔

جب خضر میڈیکل کالج گیا تو وہاں وہ مخلوط تعلیم سے روشناس ہوا۔

اور جب خضر ہسپتال گیا تو اس نے نوجوان ڈاکٹروں اور نرسوں کو اکٹھے کام کرتے دیکھا۔

خضر کو یہ جان کر حیرت ہوئی کہ روایت کی سرزمین میں ڈیٹنگ ممنوع تھی اور جنسی تعلقات کو گناہ سمجھا جاتا تھا۔ اس سرزمین میں تمام رومانوی تعلقات کو صیغہ راز میں رکھا جاتا تھا۔

خضر اس وقت بہت پریشان ہوا جب اس کا دوست فرہاد اپنی محبوبہ شیریں کو' جو ایک نرسنگ کی طالبہ تھی' بوسہ دیتے پکڑا گیا۔ اس کے بعد اس نرسنگ کی طالبہ کو نہ صرف نرسوں کے ہوسٹل سے بلکہ نرسنگ سکول سے بھی نکال دیا گیا۔ اسے یہ بھی بتایا گیا کہ اس کا کردار نرسنگ کے شعبے کے لیے باعث صد ندامت ہے۔

جہاں اس طالبہ پر قیامت ٹوٹ پڑی کیونکہ وہ عورت تھی وہیں خضر کے دوست فرہاد کو کچھ نہ کہا گیا کیونکہ وہ ایک مرد تھا۔

43

خضر کو یہ جان کر بھی حیرت ہوئی کہ بہت سی لڑکیاں اور عورتیں اس لیے قتل کر دی گئیں کیونکہ وہ اپنی پسند کی شادیاں کرنا چاہتی تھیں اور انہوں نے اپنے والدین کی طے شدہ روایتی شادیوں سے انکار کر دیا تھا۔

انسان دوست افسانہ نگار

وہ پہلا لکھاری جس نے خضر کو متاثر کیا تھا وہ افسانہ نگار سعادت حسن منٹو تھا۔ خضر منٹو سے اس لیے متاثر ہوا کیونکہ وہ حقوق نسواں کا علم بردار بھی تھا اور انسان دوست لکھاری بھی تھا۔

منٹو نے اپنے افسانوں میں محنت کش خواتین اور طوائفوں کے جذبات کی بھرپور ترجمانی کی تھی۔ اس نے اپنی ایک تخلیق میں لکھا تھا

ہر عورت ویشیا نہیں ہوتی لیکن ہر ویشیا عورت ہوتی ہے۔

منٹو کا یہ موقف تھا کہ روایت کی سرزمین میں بہت سے منافق پائے جاتے ہیں کیونکہ وہ جو کہتے ہیں اس پر عمل نہیں کرتے۔ وہ لوگ جنسی تعلقات کے خلاف باتیں کرتے ہیں لیکن خود چھپ چھپ کر وہ سب کام کرتے ہیں۔ منٹو جنسی تعلقات کو انسانی زندگی کا ایک اہم پہلو سمجھتا تھا اور ان پر کھل کر بات کرتا تھا۔

منٹو کا کہنا تھا کہ میں شراب پیتا ہوں تو منہ میں الائچی نہیں ڈالتا کہ کسی کو اس کی بو نہ جائے اور اگر ویشیا کے پاس جاتا ہوں تو چہرے پر مفلر لپیٹ کر نہیں جاتا کہ کوئی مجھے اس گلی میں جاتا نہ دیکھ لے۔

منٹو کے قول و فعل میں کوئی تضاد نہ تھا

منٹو انسان دوست لکھاری تھا۔ وہ مذہبی تعصب کے بھی خلاف تھا۔ جب اس نے مذہب کے نام پر معصوم انسانوں کو قتل ہوتے دیکھا تو کہا ہم یہ کیوں کہتے ہیں کہ ایک لاکھ مسلمان جنت میں گئے اور ایک لاکھ ہندو واصل جہنم ہوئے ہم یہ کیوں نہیں کہتے کہ دو لاکھ قیمتی انسانی جانیں ضائع ہوگئیں۔

خضر نے منٹو سے انسانیت کا احترام کرنا سیکھا۔ اس نے یہ جانا کہ کرہ ارض کے تمام انسان ایک ہی خاندان کا حصہ ہیں کیونکہ وہ سب دھرتی ماں کے بچے ہیں۔

منٹو پر اس کی زندگی میں ہی دائرہ حیات تنگ کر دیا گیا اور اسے باغی اور فحش نگار قرار دے کر بدنام کیا گیا۔

خضر کو منٹو کی زندگی سے اندازہ ہو گیا کہ غیر روایتی ادیبوں اور دانشوروں کو اپنے آدرشوں کی بھاری قیمت ادا کرنی پڑتی ہے۔

شاعر

جب خضر کے والد نے اسے شاعری کرتے دیکھا تو انہوں نے خضر سے کہا کہ تمہارے چچا جن کا نام شاعر ہے وہ بھی خوبصورت نظمیں اور غزلیں تخلیق کرتے ہیں۔

اس کے بعد خضر کو اپنے والد کی لائبریری میں اپنے چچا کی شاعری کی کتابیں مل گئیں خضر کو یہ جان کر خوشگوار حیرت ہوئی کہ اس کے چچا کی شاعری غیر روایتی اور بامعنی تھی۔ وہ جوں جوں ان کی شاعری پڑھتا گیا اسے ان کے اشعار یاد ہوتے گئے۔

اور پھر خضر نے یہ خبر سنی کہ اس کے شاعر چچا ان سے ملنے دوسرے شہر سے آ رہے ہیں۔

جب خضر کے چچا کو پتہ چلا کہ ان کا بھتیجا بھی لکھاری بن گیا ہے تو وہ اسے ڈنر اور ڈائلاگ کے لیے ایک ہوٹل لے گئے۔

خضر کے چچا نے خضر کے غیر روایتی خیالوں' خوابوں اور آدرشوں کی روداد سنی تو ان کے چہرے پر ایک متین مسکراہٹ پھیل گئی۔ پھر انہوں نے خضر سے کہا

بیٹا ہر دور اور ہر معاشرے میں دو طرح کے انسان بستے ہیں

ایک گروہ ان انسانوں کا ہوتا ہے جو روایت کی شاہراہ پر چلتا ہے

دوسرا گروہ ان لوگوں کا ہوتا ہے جو من کی پگڈنڈی پر سفر کرتا ہے

خضر بیٹا آپ کا تعلق اپنی والدہ کے خاندان کی روایتی اکثریت سے نہیں بلکہ اپنے

والد کے خاندان کی تخلیقی اقلیت سے ہے

میرا مشورہ یہ ہے کہ آپ تعلیم مکمل کرنے کے بعد روایت کی سرزمین سے کسی آزادی کی سرزمین کی طرف ہجرت کر جائیں۔

اگر آپ نے روایت کی سرزمین میں اپنے غیر روایتی آدرشوں کا ذکر کیا تو آپ کی جان خطرے میں پڑ جائے گی۔

طب

جب خضر میڈیکل سکول میں طب کی تعلیم حاصل کر رہا تھا تو اسے معلوم ہوا کہ انسانی تاریخ کا ایک وہ دور بھی تھا جب انسان یہ سمجھتے تھے کہ ان کی بیماریاں ان کے گناہوں کی سزا کی وجہ سے ہیں اور وہ ان بیماریوں سے نجات پانے کے لیے اپنے خداؤں سے دعائیں مانگتے تھے' قربانیاں دیتے تھے اور اپنے گناہوں کی معافیاں مانگتے تھے۔

یہ انسانی تاریخ کا وہ دور تھا جب انسان مافوق افطرت اسباب پر یقین رکھتے تھے۔

خضر کو یہ جان کر خوشی ہوئی کہ یونانی فلسفی بقراط نے' جو بابائے طب کہلاتے ہیں' اپنے مریضوں کو بتایا کہ ان کی بیماریوں کا ان کے گناہوں سے کوئی تعلق نہیں۔ انہیں بیماریوں سے بچنے کے لیے خداؤں سے دعائیں مانگنے اور قربانیاں دینے کی بجائے حفظان صحت کے اصولوں پر عمل کرنا چاہیے۔ بقراط مافوق الفطرت اسباب کی بجائے قوانین فطرت کے فطری اسباب پر ایمان رکھتے تھے۔

بقراط اپنے مریضوں کو صحتمند رہنے کے چار مشورے دیا کرتے تھے وہ کہتے تھے

پانی زیادہ پیو

متوازن خوراک کھاؤ

روزانہ ورزش کرو

اور

گہری نیند سوؤ

بقراط کی طب روایت کی پیروی گیلن نے کی (جو جالینوس کے نام سے جانے جاتے ہیں) جالینوس کا کہنا تھا کہ ایک اچھا طبیب ایک اچھا فلسفی بھی ہوتا ہے۔ وہ فطرت کے راز جانتا ہے۔

بقراط اور جالینوس کی روایت کو ابن سینا نے آگے بڑھایا۔ انہوں نے مختلف مکاتب فکر کی طب کی روایات کو جمع کر کے ایک کتاب تحریر کی جس کا نام کینن آف میڈیسن

رکھا گیا۔ وہ کتاب کئی صدیوں تک ساری دنیا کی معزز و معتبر درسگاہوں کے طب کے نصاب کا حصہ رہی۔

خضر کو طب کے طالب علم کی حیثیت سے اپنے اساتذہ اور اکابرین کی کتابوں سے مسیحائی کے راز سیکھ کر بہت مسرت ہوئی۔

خواب دیکھنے والا

خضر کا اپنا خواب تھا کہ وہ اپنے چچا کی طرح ایک شاعر اور دانشور بنے جبکہ اس کی روایتی ماں کا خواب تھا کہ وہ ڈاکٹر بنے۔ چنانچہ ڈاکٹر بننے کے بعد خضر نے اپنے اور اپنی والدہ کے خواب کو آپس میں بغل گیر کر کے ماہر نفسیات بننے کا فیصلہ کیا۔ ماہر نفسیات بننے کے فیصلے کے ساتھ اس نے اپنے چچا کے مشورے پر عمل کرتے ہوئے روایت کی سرزمین کو چھوڑ کر آزادی کی سرزمین کی طرف ہجرت کرنے کا منصوبہ بھی بنانا شروع کر دیا۔

آزمائش کے سودن

آزادی کی سرزمین پر جا بسنے سے پہلے خضر کچھ عرصے کے لیے سنہری مواقع کی سر زمین چلا گیا تا کہ کچھ تجربہ حاصل کر سکے اور زادراہ بھی جمع کر سکے۔

سنہری مواقع کی سرزمین میں پہلے سودن خضر کو بہت سی آزمائشوں کا سامنا کرنا پڑا۔

خضر کے پاس نہ کوئی ملازمت تھی اور نہ کوئی ذریعہ آمدن

خضر جو رقم اپنے ساتھ لے کر آیا تھا وہ چند ہفتوں میں ختم ہوگئی۔

پھر اس کی ملاقات روایت کی سرزمین سے آئے چند اور ڈاکٹروں سے ہوئی

ان سب کی جدوجہد بھی مشترک تھی اور خواب بھی

وہ سب ایک ہی کشتی میں سوار تھے

جوں جوں وقت گزرتا گیا اور انہیں کوئی ملازمت نہ ملی تو اداسی اور مایوسی کے بادل گہرے ہونے لگے

آخر وہ سب ہمسفر ایک سستے موٹل میں رہنے لگے۔ وہ سب زمین پر سوتے تھے اور دن میں ایک وقت کا کھانا کھاتے تھے کیونکہ نوبت فقر و فاقہ تک پہنچ چکی تھی۔

ایک دور ایسا بھی آیا کہ خضر کے ہمسفروں نے اپنے خوابوں اور آدرشوں کو تیاگ کر

واپس روایت کی سرزمین جانے کا قصد کر لیا۔

ان تمام تر دشواریوں، مصیبتوں اور آزمائشوں کے باوجود خضر ثابت قدم اور پرامید رہا۔ اس نے اپنے ذہن میں واپس جانے کی تمام کشتیاں جلا دی تھیں۔

خوش قسمتی سے سودنوں کی آزمائشوں کے بعد ان کی امیدیں برآئیں اور انہیں سنہری مواقع کی سرزمین میں رہنے اور کام کرنے کی اجازت مل گئی۔

وہ سودن خضر کی زندگی کے اہم ترین دن تھے

ان سودنوں نے خضر کو اعتماد دیا اور اس نے سوچا کہ اگر وہ اس آزمائش میں کامیاب ہو سکتا ہے تو وہ مستقبل میں بھی آنے والی آزمائشوں کا بھی خندہ پیشانی سے مقابلہ کر سکتا ہے۔

خضر نے سیکھا کہ زندگی کا کوئی بھی بحران جہاں انسان کو دکھی کر دیتا ہے وہیں اگر وہ اس دکھ کو دل کی گہرائیوں سے قبول کر لے تو اس دکھ کی کوکھ سے سکھ بھی پیدا ہو سکتا ہے۔

آزمائش کے سودنوں کے بعد خضر نے سنہری مواقع کی سرزمین میں ایک سال مسیحائی کی۔

اس ایک سال کے دوران اس نے آزادی کی سرزمین کی یونیورسٹیوں کو سینکڑوں درخواستیں بھیجیں۔

آخر خضر کو آزادی کی سرزمین کی ایک معتبر، معزز اور مستند جامعہ نے نفسیات کے شعبے میں قبول کر لیا۔

تین ڈ

جب خضر آزادی کی سرزمین پر پہنچا تو اس نے حالات حاضرہ اور اپنے ماحول کا جائزہ لیا اور اس معاشرے کا حصہ بننے کے لیے تین ڈ کا فیصلہ کیا

پہلی ڈ۔۔۔ڈرائیونگ تھی۔

خضر نے ایک ڈرائیونگ سکول میں داخلہ لیا اور اپنے ڈرائیونگ کے استاد سے ڈرائیونگ کے اصول اور راز جانے۔ اس نے امتحان پاس کیا تو اسے ڈرائیونگ لائسنس مل گیا۔ خضر کو یہ جان کر حیرانی ہوئی کہ وہ تو پہلی بار ہی امتحان میں کامیاب ہو گیا تھا لیکن اسے کئی مقامی لوگ ایسے بھی ملے جو اس امتحان میں کئی بار ناکام ہو چکے تھے۔

دوسری ڈ۔۔۔ڈانسنگ تھی۔

ایک کار خریدنے کے بعد خضر نے ایک ڈانسنگ سکول میں داخلہ لیا۔ وہ جب رقص کے آداب سیکھتا اور اس کی مشق کرتا تو وہ اس عمل سے بہت محظوظ و مسحور ہوتا۔

خضر کو یہ جان کو خوشگوار حیرت ہوئی کہ ڈانس کرنے سے وہ خواتین میں مقبول ہو رہا تھا کیونکہ مغربی خواتین اچھے ڈانسرز کو بہت پسند کرتی ہیں۔

تیسری ڈ۔۔۔ڈیٹنگ

خضر کی آزادی کی سرزمین میں کئی دختران خوش گل سے ملاقات ہوئی۔ وہ جہاں ان کی زلف کا اسیر ہوا وہیں وہ بھی اس کی مقناطیسی شخصیت کی طرف کچے دھاگے سے کھنچی چلی آئیں۔

خضر نے ان خواتین کے ساتھ رنگین شامیں گزارنے کے بعد ہوس اور محبت کے فرق کو جانا

کئی خواتین سے راہ ورسم بڑھانے کے بعد خضر نے محبت کا یہ راز بھی جانا کہ محبت کے رشتے میں دوستی کیک ہے اور رومانس اس کی آئسنگ

محبت

یونیورسٹی میں طالب علمی کے زمانے میں خضر کی ایک مہربان اور ہمدرد خاتون سے ملاقات ہوئی جس کا نام محبت تھا۔ دونوں نے نہ صرف ایک دوسرے کو پسند کیا بلکہ وہ ایک دوسرے کے دوست اور محبوب بھی بن گئے۔

محبت ایک رحم دل عورت تھی۔ اس کی شفقت کا دائرہ بہت وسیع تھا۔

محبت کو جب پتہ چلا کہ محرومیوں کی سرزمین میں بہت سے بچے ماں باپ کی شفقت اور چاہت سے محروم ہو گئے ہیں تو وہ وہاں گئی اور ایک بچی کو گود لے لیا اور اپنے ساتھ آزادی کی سرزمین میں لے آئی۔ اس بچی کا نام تمکنت تھا۔

جب خضر تمکنت سے ملا تو اس کی عمر صرف بارہ برس تھی۔

دونوں کی دوستی ہو گئی اور وہ خضر کی سب سے چھوٹی دوست بن گئی۔

جب دونوں کی بے تکلفی بڑھی تو تمکنت نے خضر کو اپنا دوستانہ باپ کہنا شروع کر دیا۔

جب خضر نے محبت سے پوچھا کہ اس کا دل ہمدردی کا سمندر کیسے بنا تو اس نے خضر کو بتایا کہ اس نے زندگی کی کئی دہائیاں تکلیفوں اور مصیبتوں میں گزاری تھیں۔ دکھوں کی گہرائیوں میں اترنے کے بعد وہ سکھوں کی بلندیوں تک پہنچی۔ پھر وہ ایک کنول بن گئی جو دلدل میں رہ کر بھی اس سے اوپر اٹھ جاتا ہے۔

محبت نے خضر سے کہا جب اس نے اپنی زندگی میں خوشی تلاش کرلی تو پھر وہ اس قابل ہوسکی کہ اپنی خوشی دوسروں میں بانٹ سکے۔ اسی لیے وہ محرومیوں کی سرزمین چلی گئی تا کہ تمکنت کو اپنے ساتھ لاسکے اور اس کی جھولی کو خوشیوں سے بھر سکے۔

جب خضر سے کسی نے پوچھا کہ

تم نے محبت سے کیا سیکھا؟ تو اس نے کہا

انسان کی شخصیت محبت بھرے رشتے کی کوکھ میں پروان چڑھتی ہے اور محبت سے پیار بھرے رشتے میں خضر کی شخصیت میں بھی نکھار پیدا ہوا۔

خضر محبت سے اتنا متاثر ہوا کہ اس نے محبت کا تعارف اپنی بہن دوستی سے کروایا۔

خضر کی اپنے بہنوئی انصاف سے بھی دوستی تھی کیونکہ وہ اس سے بہنوئی کی بجائے بھائی کی طرح ملتا تھا۔

خضر نے اپنی بہن دوستی اور بہنوئی انصاف سے کہا

آپ کے چار بچے ہیں جن کے نام اطاعت 'قربانی' امنگ اور عزم ہیں کیا ہی اچھا ہو اگر آپ اپنی چھوٹی بیٹی عزم کو میرے پاس بھیج دیں۔

چنانچہ عزم چند برس خضر کے ساتھ رہی۔ پھر کالج کی گریجویشن اور وفاداری سے شادی کے بعد وہ اپنے گھر چلی گئی لیکن اسکی اپنے ماموں خضر سے محبت بھری دوستی برقرار رہی۔

دو نظمیں

خضر جب محبت کی زلف کا اسیر ہوا تو اس نے محبت کی چاہت میں بہت سی نظمیں لکھیں اور پھر ان نظموں کو یکجا کر کے ایک کتاب مرتب کی جس کا نام

محبت کا طلسم

رکھا۔ اس مجموعے کی ایک نظم تھی

محبت

جب ہم
کسی کی چاہت میں گرفتار ہوتے ہیں
تو ہمارے اندر
ایک نئی حساسیت اور نیا شعور پیدا ہوتا ہے
جب ہم کسی کی الفت کے اسیر ہوتے ہیں
تو ہمارے اندر
ایک نئی روحانیت اور رومانویت پیدا ہوتی ہے
جب ہم کسی سے ٹوٹ کر پیار کرتے ہیں
تو ہم

تیسری آنکھ سے دیکھنے

اور

تیسرے کان سے سننے لگتے ہیں

تیسری آنکھ ہمیں بصارت ہی نہیں بصیرت کے تحفے بھی دیتی ہے۔

تیسرے کان سے ہم پیار کی سرگوشیاں سنتے ہیں

خضر کی جب تمکنت سے دوستی پکی ہوگئی تو اس نے تمکنت کی سالگرہ پر اسے اپنی ایک نظم کا تحفہ پیش کیا جو اس نے خاص تمکنت کے لیے لکھی تھی۔ وہ نظم کچھ یوں تھی

ساری دنیا کی بیٹی

اس کی صرف ایک ماں نہیں ہے وہ ہر ماں کی بیٹی ہے۔

اس کا صرف ایک باپ نہیں ہے وہ ہر باپ کی بچی ہے۔

اس کے پاس صرف ایک مادرِ وطن نہیں ہے ہر مملکت اس کی مادرِ وطن ہے

جب وہ بڑی ہو جائے گی

اور

ساری دنیا کا سفر کرے گی

مختلف وادیوں اور پہاڑوں

صحراؤں اور جنگلوں
دیہاتوں اور شہروں
سے گزرے گی
تو وہ
ایشیا کے پرندے
افریقہ کے جانور
جنوبی امریکہ کی مچھلیاں
اور
مشرق وسطیٰ کے درخت دریافت
کرے گی
جب وہ
امیروں کی نظمیں اور غریبوں کے گیت سنے گی
تیسری دنیا کی آزمائشوں اور پہلی دنیا کی آسائشوں کے بارے میں جانے گی
جب وہ
مشرق کے مذاہب کا
جنوب کے ادب کا

مغرب کی سائنس کا
مطالعہ کرے گی
تو ایک دانا عورت بن جائے گی
اور رفتہ رفتہ جان جائے گی
کہ وہ ساری دنیا کی ہے
اور ساری دنیا اس کی ہے
اسے یہ جان کر فخر ہوگا کہ وہ
ساری دنیا کی بیٹی ہے

مسیحائی

آزادی کی سرزمین میں خضر کی ملاقات ایک مہربان استاد سے ہوئی جس کا نام مسیحائی تھا۔ وہ استاد اپنے الفاظ سے کرامات کر دکھاتا تھا۔ اس کا موقف تھا کہ احساس تنہائی انسانوں کا سب سے بڑا نفسیاتی مسئلہ ہے اور ایک ہی ہمدرد اور محبت بھرا رشتہ کسی بھی انسان کو خودکشی سے روکنے کے لیے کافی ہے۔

مسیحائی نے خضر کو اپنا شاگرد بنایا اور اسے مسیحائی کے راز سکھائے۔

خضر نے مسیحائی سے سیکھا کہ

مذہبی سچ

جس کی بنیاد وحی اور الہام ہے

اور

سائنسی سچ

جس کی بنیاد عقل اور منطق ہے

کے ساتھ ساتھ

ایک نفسیاتی سچ بھی ہے

جس کی بنیاد انسان کا ذاتی مشاہدہ اور تجربہ ہے
انسان کچھ فیصلے جذبات کو بنیاد بنا کر کرتا ہے
وہ دل کی بات سنتا ہے
اور
دل کی منطق ذہن کو سمجھ نہیں آتی
خضر کو اپنے زمانہ طالب علمی میں
یہ جان کر بہت خوشی ہوئی
کہ
دکھ کی کوکھ سے سکھ پیدا ہو سکتا ہے

ہر دل عزیز ٹیم

ماہر نفسیات بننے کے بعد خضر نے ایک نفسیاتی ہسپتال میں کام کرنا شروع کر دیا جہاں اس کی ملاقات ایک سوشل ورکر سے ہوئی جس کا نام پہیلی تھا۔اس پہیلی کو سب سمجھنے کی کوشش کرتے کیونکہ وہ روایتی ادارے کے قواعد و ضوابط کو چیلنج کرتی رہتی۔وہ کپڑے بھی غیر روایتی پہنتی جسے دیکھ کر سب حیران ہوتے۔خضر کو پہیلی کا غیر روایتی رویہ پسند آیا اور وہ دونوں دوست بن گئے۔

خضر اور پہیلی کا تعلق مختلف ثقافتوں اور مذاہب سے تھا لیکن پھر بھی ان کی دوستی برقرار رہی کیونکہ وہ ایک دوسرے کے طرز زندگی اور فلسفہ حیات کا احترام کرتے تھے۔ وہ دونوں مریضوں اور ان کے خاندانوں کا خاص خیال رکھتے تھے۔ وہ دونوں اس بات پر متفق تھے کہ نفسیاتی مریضوں کو ہسپتالوں میں رہنے کی بجائے کمیونٹی میں اپنے خاندانوں اور قبیلوں کے ساتھ رہنا چاہیے۔

خضر اور پہیلی نے مل کر انقلابی قدم اٹھایا اور شہر میں ایک بورڈنگ ہوم کو قائل کیا کہ وہ مریضوں کو چند دن اپنے پاس رکھ لیں۔ چنانچہ خضر اگر جمعے کے دن کوئی ایسا مریض دیکھتا جو نفسیاتی بحران کا شکار ہوتا تو وہ اسے ہسپتال میں داخل کروانے کی بجائے تین دن کے لیے بورڈنگ ہوم بھیجتا اور پھر پیر کے دن اس کے مسئلے کا حل دریافت کرتا۔

خضر نے شہر میں نفسیاتی کلینک بنوائے تاکہ نفسیاتی مریض ہسپتال جانے کی بجائے گھر کے قریب کلینک جا سکیں۔

خضر کی ٹیم میں سوشل ورکر پہیلی کے ساتھ ایک نرس بھی شامل ہو گئی جس کا نام خدمت تھا۔ وہ بھی پہیلی کی طرح مریضوں کا دل وجان سے خیال رکھتی۔

خضر، پہیلی اور خدمت کی ٹیم ہر دلعزیز ٹیم کہلاتی تھی جس کو سارے ہسپتال کے مریض اور سٹاف عزت کی نگاہ سے دیکھتے تھے۔

خضر کی ٹیم کی اعلیٰ کارکردگی کا یہ فائدہ ہوا کہ ہسپتال میں داخل ہونے والے مریضوں کی تعداد میں کمی آتی گئی۔ جس ہسپتال میں ایک سال میں سولہ سو مریض داخل ہوئے تھے اسی ہسپتال میں دس سال بعد ایک سال میں صرف سات سو چھیاسی مریض داخل ہوئے۔ یہ خضر کی ٹیم کی بڑی کامیابی تھی۔

خدمت

وقت گزرنے کے ساتھ خضر اور خدمت کی دوستی ہوگئی۔

خدمت اتنی رحم دل تھی کہ اسے نہ صرف انسانوں سے بلکہ جانوروں سے بھی لگاؤ تھا۔

خضر اور خدمت ہر روز دوپہر کا کھانا کھانے اکٹھے جاتے اور مختلف متنازعہ فیہہ مسائل پر تبادلہ خیال کرتے۔ ان مسائل میں سے ایک مسئلہ انسانی حقوق کے ساتھ جانوروں کے حقوق کا تھا۔

خدمت ایک اچھی لکھاری بھی تھی۔ وہ بہت عمدہ کہانیاں تحریر کرتی تھی لیکن اپنی منکسر المزاجی کی وجہ سے اسے نہ تو چھپواتی تھی نہ ہی خضر کے علاوہ کسی اور کو دکھاتی تھی۔

ایک دوپہر کھانے کے دوران خضر نے خدمت کو بتایا کہ وہ نفسیاتی ہسپتال چھوڑ کر اپنا ایک نفسیاتی کلینک کھولنا چاہتا ہے اور اس کی خواہش ہے کہ خدمت اس کی مدد کرے۔ خدمت نے وہ دعوت قبول کرلی۔

دونوں نے یہ فیصلہ کیا کہ وہ اپنے کلینک میں اپنے مریضوں کی ہمت افزائی کریں گے کہ وہ اپنی تخلیقی صلاحیتوں کو اجاگر کریں اس طرح وہ اپنے نفسیاتی مسائل سے بہتر نبردآزما ہوسکیں گے۔

اسی لیے جب خضر اور خدمت نے اپنا کلینک شروع کیا تو اس کلینک کا نام کریئٹیو سائیکوتھیریپی کلینک رکھا۔

اس کلینک میں خضر اور خدمت اپنے مریضوں کی حوصلہ افزائی کرتے کہ وہ کوئی مشغلہ اپنائیں اور فنون لطیفہ میں سے کسی فن میں دلچسپی بڑھائیں چاہے وہ شاعری ہو یا موسیقی رقص ہو یا فلم بنانے کا فن۔

خضر جانتا تھا کہ روایتی معالج شخصیت کے بیمار حصے پر اپنی توجہ مرکوز کرتے ہیں اس کے مقابلے میں خضر شخصیت کے صحتمند حصے کو بڑھاوا دیتا تھا۔ اس کا موقف تھا کہ شخصیت کا جب صحتمند حصہ بڑھنا شروع کرتا ہے تو بیمار حصہ خود بخود کم ہونا شروع ہو جاتا ہے۔

خدمت پہلے خضر کی رفیق کار اور دوست تھی پھر وہ اس کی ایڈیٹر بھی بن گئی۔

آزادی

خضر اپنی پیشہ ورانہ زندگی میں اپنے مریضوں کی حوصلہ افزائی کرتا کہ وہ اپنی آزادی کا برملا اظہار کریں اور اپنی تخلیقی صلاحیتوں کر پروان چڑھائیں

لیکن اسے یہ جان کر حیرت ہوتی کہ ان میں سے بہت سارے اپنی آزادی کو نظر انداز کرتے۔

خضر کو دھیرے دھیرے اندازہ ہوا کہ وہ لوگ قدریہ سوچ کی بجائے جبریہ سوچ رکھتے تھے۔ خضر نے جب ان کی جبریہ سوچ کا تجزیہ کیا تو اسے اندازہ ہوا کہ وہ لوگ چھ طرح کی جبریہ سوچ رکھتے تھے

ا۔ جینیاتی جبریہ سوچ

ایسے لوگوں کا ماننا تھا کہ ان کی جینز ان کی زندگی کا فیصلہ کرتی ہیں جو انہوں نے اپنے والدین اور آبا و اجداد سے وراثت میں پائی ہیں اور اب وہ اسے بدل نہیں سکتے

۲۔ نفسیاتی جبریہ سوچ

ایسے لوگوں کا ماننا تھا کہ بچپن کے واقعات و تجربات انسان کی شخصیت کی تشکیل کرتے ہیں اور چونکہ بچپن کے منفی تجربات کی وجہ سے ان کی خوشی کا چاند گہنا گیا ہے اس لیے اب وہ گرہن کو نہیں بدل سکتے۔

۳۔ سماجی جبریہ سوچ

ایسے لوگوں کا خیال تھا کہ انسان کی شخصیت اس روایت اور ثقافت سے بنتی ہے جس میں وہ پیدا ہوئے تھے اور چونکہ انہیں اپنی ثقافت اور روایت چننے کا کوئی اختیار نہیں تھا اس لیے وہ اب بھی مجبور ہیں

۴۔ مذہبی جبریہ سوچ

ایسے لوگوں کا ایمان تھا کہ سب انسانوں کی زندگوں کے فیصلے ان کی پیدائش سے پہلے ہی لوح محفوظ میں لکھے جا چکے ہیں اس لیے وہ ان فیصلوں کو بدل نہیں سکتے۔ وہ میر تقی میر کے اس شعر پر عمل کرتے تھے

ناحق ہم مجبوروں پر یہ تہمت ہے مختاری کی
چاہے ہیں سو آپ کریں ہیں ہم کو عبث بدنام کیا

۵۔علم نجوم کی جبریہ سوچ

ایسے لوگوں کا ماننا تھا کہ ان کی زندگیوں کا انحصار اس بات پر ہے کہ وہ کس دن کس وقت کس جگہ پیدا ہوئے اور اس وقت ستاروں کی ترتیب کیا تھی۔ چونکہ انہیں اپنی جائے پیدائش اور وقت پیدائش پر کوئی اختیار نہیں تھا اس لیے انہیں اب بھی اپنی زندگی پر کوئی اختیار نہیں ہے۔

٦۔اواگون کی جبریہ سوچ

ایسے لوگ اواگون پر ایمان رکھتے ہیں اور یہ سمجھتے ہیں کہ ان کے اس زندگی کے دکھ پچھلے جنموں کے گناہوں کی وجہ سے ہیں اور چونکہ وہ پچھلے جنموں کو نہیں بدل سکتے اس لیے اس زندگی میں بھی ان کا اختیار بہت کم ہے۔

خضر کو یہ جان کر حیرانی ہوئی کہ ایسے سب لوگ اس بات پر کم توجہ دیتے ہیں کہ

وہ کیا کر سکتے ہیں

اور اس بات پر زیادہ توجہ مرکوز کرتے ہیں کہ

وہ کیا نہیں کر سکتے۔

خضر کا موقف تھا کہ انسان میں وہ سب حیاتیاتی ’نفسیاتی اور معاشرتی رجحانات پائے جاتے ہیں لیکن انسانوں اور جانوروں میں فرق ہے۔ جانور مجبور ہیں کہ وہ اپنی جبلت پر عمل کریں لیکن انسانوں کو اختیار ہے کہ وہ کس جبلت پر عمل کرنا چاہتے ہیں اور کس پر نہیں۔

انسان زندگی کے کسی موڑ پر بھی اپنا راستہ بدل سکتا ہے

خضر کو امریکی ماہر نفسیات ہیری سٹاک سالیوان کا یہ قول پسند تھا کہ

انسان کی جذباتی زندگی بچپن میں سیمنٹ میں نہیں لکھی جاتی

وہ زندگی کے ہر دور میں نیا باب تحریر کرتا ہے

خضر کا خیال تھا کہ انسان کی شخصیت کا ایک روشن پہلو ہے اور ایک تاریک پہلو اور انسان کو اختیار ہے کہ وہ کس پہلو پر عمل کرنا چاہتا ہے۔

وہ چاہے تو تشدد اختیار کرے اور چاہے تو پر امن انسان بن جائے۔

انسان کی آزادی اس کی فطرت کا حصہ ہے۔

ایک ماہر نفسیات کے طور پر خضر اپنے مریضوں کو دعوت دیتا کہ وہ اپنی زندگی اور اپنے رویے پر نظر ثانی کریں اور ایک نئے شوق اور جذبے سے زندگی کے نئے باب کا آغاز کریں۔ وہ ان کو دعوت دیتا کہ وہ نئے خواب دیکھیں اور پھر ان خوابوں کو شرمندہ تعبیر کرنے کی پوری کوشش کریں۔

خضر کو پورا یقین تھا کہ اس کے مریض اپنی محنت ‘مشقت اور ریاضت سے ایک صحتمند‘ خوشحال اور پر سکون زندگی گزار سکتے ہیں۔

خضر کے مریض اس کی حوصلہ افزائی سے پر امید ہو کر ایک بہتر زندگی تخلیق کرنے میں مصروف ہو جاتے۔

آزادی کی قیمت

خضر کو یہ احساس ہو گیا تھا کہ روایت کی زنجیروں کو توڑنے کے لیے غیر روایتی لوگوں کو قیمت ادا کرنی پڑتی ہے۔ تخلیقی طرز زندگی گزارنے کے لیے انہیں روایتی خاندانوں اور برادریوں کی مخالفت مول لینا پڑتی ہے۔ آزاد لوگوں کو اپنی آزادی کے لیے چھوٹی بڑی قربانیاں بھی دینی پڑتی ہیں۔

خضر اپنے مریضوں کو ایک لوک کہانی کی وساطت سے اپنا مافی الضمیر بتایا اور سمجھایا کرتا تھا۔

ایک جنگل میں ایک بھیڑیا رہتا تھا۔ جب وہ جوان تھا تو اسے اپنا شکار تلاش کرنے میں کوئی مشکل پیش نہ آتی تھی لیکن جوں جوں وہ بوڑھا ہوتا گیا وہ کمزور بھی ہوتا گیا اور وہ اپنے مستقبل کے بارے میں فکرمند رہنے لگا۔

ایک دن وہ جنگل کے کنارے سیر کر رہا تھا کہ اس کی ایک خوبصورت اور صحتمند کتے سے ملاقات ہوئی۔ اس نے کتے سے گپ شپ لگانی شروع کر دی۔

جب بھیڑیے نے کتے سے اس کی صحت کا راز پوچھا تو اس نے اپنے مالک کے

بارے میں بتایا کہ وہ اسے اچھے کھانے کھلاتا ہے اور اس کی دیکھ بھال کرتا ہے۔
بھیڑیے نے کتے سے پوچھا
کیا تم میرا تعارف اپنے مالک سے کروا سکتے ہو اور میری سفارش کر سکتے ہو کہ میں بھی تمہارے مالک کے گھر میں رہوں؟
کتے نے کہا کیوں نہیں۔ تم کل اسی وقت اسی جگہ آنا اور میں بھی اپنے مالک کو تم سے ملوانے یہاں لے آؤں گا۔
کتے کا جواب سن کر بھیڑیے کی آنکھوں میں چمک پیدا ہوئی۔ اس نے چند لمحوں کے لیے سوچا
عین ممکن ہے میرا بڑھاپا سکون سے گزرے۔
لیکن جب کتا واپس جانے کے لیے مڑا تو بھیڑیے نے کتے سے پوچھا
تمہاری گردن سے بال غائب کیوں ہیں؟
پہلے تو کتے نے بات ٹالدی لیکن جب بھیڑیے نے اصرار کیا تو کتے نے کہا کہ میرا مالک ایک غصیلا انسان ہے۔ جب وہ غصے میں آتا ہے تو مجھے بیسمنٹ میں زنجیر سے باندھ دیتا ہے۔ میری گردن پر اسی زنجیر کا نشان ہے۔
کتے کا جواب سن کر بھیڑیا کچھ دیر سوچتا رہا پھر اس نے کتے سے کہا
کل اپنے مالک کو مت لانا۔ میں اس سے نہیں ملنا چاہتا۔
خضر نے سوچا کچھ لوگ اس کتے کی طرح ہوتے ہیں جو روزی روٹی کے لیے ہر ظلم اور

ہر جبر برداشت کر لیتے ہیں
اور کچھ لوگ اس بھیڑیے کی طرح ہوتے ہیں جو اپنی آزادی کے لیے ہر قسم کی قربانی دینے کے لیے تیار ہوتے ہیں۔

خضر بھیڑیے کو پسند کرتا تھا جو آزادی کا استعارہ تھا۔

خضر خود بھی آزاد زندگی گزارتا تھا اور اپنے دوستوں رشتہ داروں اور مریضوں کو بھی ایک آزاد زندگی گزارنے کی ترغیب دیتا تھا۔ وہ انہیں سمجھاتا تھا کہ آزادی ان کا حق ہے نہ کہ دوسروں کی طرف سے دی گئی خیرات۔

ادبی سفیر

خضر کی خوش قسمتی کہ اس کی ایک ایسے لکھاری سے ملاقات ہوئی جس کا نام ادبی سفیر تھا۔ وہ روایت کی سرزمین اور آزادی کی سرزمین کے درمیان ایک ادبی پل بنا رہا تھا۔ ادبی سفیر نے خضر کو خوش آمدید کہتے ہوئے بتایا کہ آزادی کی سرزمین میں شاعر تو بہت سے ہیں لیکن افسانہ نگار کوئی نہیں ہے اس لیے خضر کی شمولیت ادیبوں کے لیے اچھا شگون ہے۔ ادبی سفیر نے خضر کی کہانیاں سنیں تو اس کی تخلیقات چھپوانے میں اس کی مدد کی اور اس کی روایت کی سرزمین سے آنے والے مقبول و معروف ادیبوں ٗشاعروں اور دانشوروں سے ملاقاتیں بھی کروائیں۔

جب ادبی سفیر نے خضر سے مہاجر ادیبوں کے بارے میں اس کی رائے پوچھی تو خضر نے کہا کہ دو ثقافتوں اور دو زبانوں میں زندگی گزارنے سے ان کے اندر کی تیسری آنکھ کھل جاتی ہے اور ان کی بصیرتیں ان کی تخلیقات میں منعکس ہوتی ہیں۔ اسی لے بیسویں صدی کو مہاجر ادیبوں کی صدی کہا جاسکتا ہے۔

ادیبوں کی دو اقسام

خضر لکھ تو کافی عرصے سے رہا تھا لیکن اس نے اپنی تخلیقات چھپوائی نہ تھیں اور جب چھپوانے پر آیا تو پانچ سالوں میں پانچ کتابیں چھپوا دیں۔

جب خضر کے ادبی دوستوں نے اس کی پانچ سالوں میں پانچ کتابیں دیکھیں تو وہ فکر مند ہو گئے۔ انہیں خطرہ تھا کہ کہیں خضر رائٹرز بلاک کا شکار ہو کر لکھنا چھوڑ ہی نہ دے۔

جب خضر نے دوستوں کو اس کے بارے میں پریشان دیکھا تو وہ اپنے شاعر چچا سے ملنے گیا جو اپنے بیٹے سے ملنے آزادی کی سرزمین آئے ہوئے تھے۔ جب خضر کے چچا نے خضر کی پریشانی کی کہانی سنی تو ان کے چہرے پر متین مسکراہٹ پھیل گئی۔ انہوں نے خضر کو بتایا کہ لکھاریوں کی دو اقسام ہوتی ہیں۔

پہلی قسم ان لکھاریوں کی ہے جن کی تخلیقات کا انحصار ان کی تصوراتی دنیا پر ہوتا ہے دوسری قسم ان لکھاریوں کی ہے جو حقائق کی دنیا سے اپنی تخلیقات کا خام مال کشید کرتے ہیں۔

خضر کے شاعر چچا نے خضر سے کہا کہ اسے اور اس کے دوستوں کو پریشان ہونے کی

کوئی ضرورت نہیں کیونکہ خضر دوسری قسم کے لکھاریوں کے قبیلے سے تعلق رکھتا ہے اس لیے وہ ساری عمر بہت سی کتابیں لکھتا رہے گا۔

خضر کے چچا نے خضر کی حوصلہ افزائی کرتے ہوئے کہا کہ میں نے ایک درجن سے زیادہ کتابیں لکھی ہیں اور تم بھی دو درجن سے زیادہ کتابیں لکھو گے۔

خضر کے چچا نے اپنے موقف کی وضاحت کرتے ہوئے کہا کہ آپ کے دوست آپ کا ایسے دوستوں سے موازنہ کر رہے ہیں جو صرف ایک صنف میں اپنا تخلیقی اظہار کرتے ہیں۔ ان کے لیے ایسا کرنا مناسب نہیں کیونکہ آپ مختلف اصناف میں تخلیقی اظہار کرتے ہیں۔ آپ نے ایک ہی صنف میں پانچ کتابیں نہیں لکھیں بلکہ پانچ اصناف میں پہلی پہلی کتاب لکھی ہے۔

خضر کو اپنے چچا سے بات کرکے کافی تسلی ہوگئی۔

جب خضر اپنے چچا سے ملاقات کرکے رخصت ہو رہا تھا تو اس نے اپنے چچا کے بیٹے اپنے کزن چاہت سے کہا کہ وہ دونوں کتنے خوش قسمت ہیں کہ انہیں ایک دانشور بزرگ سے مشورہ کرنے اور ان کے علم تجربے اور دانائی سے بہت کچھ سیکھنے کا موقع ملتا رہتا ہے۔

اخلاص

ایک اتوار کی صبح خضر کو ایک مصنفہ کا'جس کا نام اخلاص تھا' ایک غیر متوقعہ پیغام آیا کہ وہ رہتی تو بہت دور ہے لیکن خضر کا انٹرویو لینا چاہتی ہے۔

خضر نے اخلاص کے بارے میں کچھ جاننا چاہا تو اسے پتہ چلا کہ وہ مصنفہ ایک صحافی بھی ہے اور ایک سماجی کارکن بھی اور وہ مہاجرین کے نفسیاتی اور سماجی مسائل کے بارے میں فکرمند رہتی ہے۔

خضر اخلاص کی اس بات سے بھی متاثر ہوا کہ اخلاص نے خضر کا انٹرویو لینے سے پہلے اپنا پورا ہوم ورک اور خضر کی تخلیقات کا سنجیدگی سے مطالعہ کر رکھا تھا۔

انٹرویو کے بعد خضر اور اخلاص کی تخلیقی دوستی ہوگئی۔ اخلاص نے خضر کو بتایا کہ اسے مردوں سے دوستی کرنے میں اس لیے مشکلات پیش آتی ہیں کیونکہ وہ مرد اسے ایک ذہین انسان سمجھنے کی بجائے صرف ایک عورت کی طرح دیکھتے اور ملتے ہیں۔ اخلاص نے خضر سے اس لیے دوستی کر لی کیونکہ خضر اخلاص کو عزت کی نگاہ سے دیکھتا تھا اور اس کی تخلیقی صلاحیتوں کا احترام کرتا تھا۔

خضر نے اخلاص کی اس لیے بھی حوصلہ افزائی کی تا کہ وہ اپنے ادبی خوابوں کو شرمندہ تعبیر کر سکے۔

جب خضر اور اخلاص کی دوستی بڑھی تو ایک دن اخلاص نے خضر سے پوچھا کہ آپ نے اتنی خواتین سے دوستی کا راز کس سے سیکھا ہے؟

خضر نے کہا اپنی بہن سے اور وہ راز یہ ہے کہ

میٹھے بول میں جادو ہے

خضر کو جلد اندازہ ہو گیا کہ اخلاص اچھی دوست ہی نہیں ایک اچھی ماں بھی ہے اور اس کی مامتا صرف اپنے خاندان کے لوگوں کے لیے ہی نہیں اپنے قبیلے کے لوگوں کے لیے بھی حاضر رہتی ہے۔

خضر نے اپنی آنکھوں کے سامنے اخلاص کو ایک صحافی اور لکھاری سے ایک مقبول اور ہر دلعزیز سماجی کارکن بنتے دیکھا۔ خضر اخلاص کی کامیابی سے بہت خوش ہوا۔ اخلاص جانتی تھی کہ عوام کا سماجی شعور کو بڑھاوا دینا انسانی ارتقا کا اہم حصہ ہے۔

ڈائری کا ایک صفحہ

اخلاص کو جب پتہ چلا کہ خضر کی ایک ڈائری ہے جس میں وہ اپنے فلسفیانہ خیالات اور نظریات رقم کرتا ہے تو اس نے خضر کی ڈائری کا ایک صفحہ پڑھنے کی خواہش کا اظہار کیا۔ چنانچہ خضر نے اخلاص کو اپنی ڈائری کا ایک صفحہ بھیجا جس میں رقم تھا

محبت نامے

میری تخلیقات انسانیت کے نام میرے محبت نامے ہی تو ہیں۔

دانائی

دانائی وہ داخلی روشنی ہے جو تاریکی میں دیکھنے میں مدد کرتی ہے

تخلیقی اقلیت

ہر دور اور ہر صدی میں تخلیقی اقلیت روایتی اکثریت کی ارتقا کے سفر میں اگلے پڑاؤ تک جانے کے لیے رہنمائی کرتی ہے

وجودی وارداتیں

جب زندگی کے معمولی تجربے بامعنی ہو جائیں تو وہ غیر معمولی وجودی وارداتیں بن جاتے ہیں

محبت

جب ہم ایک سے زیادہ انسانوں سے محبت کرتے ہیں تو محبت بڑھتی ہے کم نہیں ہوتی

فنکار

آزادی کی سرزمین میں فنکاروں کا ایک گروہ تھا۔ان میں
کچھ اداکار تھے کچھ موسیقار'
کچھ شاعر تھے کچھ مصور
وہ فنکار خضر کو اپنی محفلوں میں بلاتے تھے تاکہ فنونِ لطیفہ کے موضوع پر تخلیقی مکالمہ کر سکیں اور اپنے مسائل کے بارے میں خضر سے مشورہ کر سکیں۔
خضر نے جب ان فنکاروں کے مسائل سنے تو اسے اندزہ ہوا کہ
بعض کے مسائل نفسیاتی تھی بعض کے سماجی
بعض کے مسائل خاندانی تھے بعض کے معاشی
بعض کو اپنی قسمت سے شکایت تھی اور بعض کو اپنی شہرت سے
بعض کا اپنی کامیابی سے ڈر لگتا تھا اور بعض کو اپنی ناکامی سے
جب فنکاروں نے خضر سے اس کی کامیابی کا راز پوچھا تو خضر نے انہیں بتایا کہ تخلیقی

صلاحیت سورج کی روشنی کی طرح ہوتی ہے اگر ہم سورج کی روشنی میں ایک کاغذ رکھ دیں تو وہ نہیں جلتا لیکن اگر ہم کاغذ کے قریب ایک محدب عدسہ رکھیں اور سورج کی شعاعیں کاغذ پر مرکوز ہو جائیں تو چند منٹوں میں کاغذ جلنے لگتا ہے۔

خضر نے فنکاروں کو مشورہ دیا کہ وہ اپنے خوابوں اور آدرشوں پر اپنی توجہ مرکوز کریں تا کہ وہ خواب شرمندہ تعبیر ہو سکیں۔ وہ اپنا تخلیقی منصوبہ بنائیں اور پھر اپنی محنت' مشقت اور ریاضت سے اس منصوبے پر عمل کریں۔

خضر نے فنکاروں کو بتایا کہ اس نے اپنے ہفتے کی تین صبحیں تخلیقی کام کے لیے مختص کر رکھی ہیں تا کہ وہ اپنا تخلیقی کام یکسوئی سے کر سکے اور چند ہفتوں کے کام کے بعد وہ چند دن کی چھٹی لے کر کسی جزیرے پر چلا جاتا ہے جہاں وہ سمندر کی لہروں' ریت کے ذروں اور سورج کی شعاؤں سے لطف اندوز بھی ہوتا ہے اور اپنے نامکمل تخلیقی پروجیکٹ کو مکمل بھی کرتا ہے۔ ان فنکاروں کا ایک استاد بھی تھا جس کا نام محرک تھا جو خضر کا دوست تھا۔ محرک اپنے دوستوں اور شاگردوں کی بہت حوصلہ افزائی کرتا تھا اسی نے ان فنکاروں کا تعارف خضر سے کروایا تھا۔ خضر اور محرک ایک دوسرے کے مداح بھی تھے اور ایک دوسرے کی تخلیقی کاوشوں کا احترام بھی کرتے تھے۔

فیملی آف دی ہارٹ

خضر نے جب دنیا کے مختلف ملکوں اور معاشروں کا سفر کیا تو اسے ہر شہر اور ہر ملک میں ایسے شاعر اور دانشور، موسیقار اور فنکار ملے جو اپنے غیر روایتی خیالات اور نظریات کی وجہ سے روایتی خاندانوں اور قبیلوں کے تعصّبات کا شکار تھے۔ وہ معتوب بھی تھے اور مجبور بھی۔

خضر نے ان تمام راندہ درگاہ فن کاروں کا ایک دوسرے سے تعارف کروایا اور ایک دوسرے سے ملنے کے مواقع فراہم کیے اس طرح ان غیر روایتی تخلیقی شخصیتوں کا ایک گروہ بن گیا جس کا نام خضر نے فیملی آف دی ہارٹ

رکھا۔ اس گروہ کے ممبروں نے ایک دوسرے کی ہر لحاظ سے معاونت کی۔

آزادی کی سرزمین میں فیملی آف دی ہارٹ کا آغاز اس شام ہوا جب خضر کا ایک دیرینہ دوست جس کا نام اقلیت تھا روایت کی سرزمین سے ہجرت کر کے آزادی کی سرزمین میں آیا اور خضر نے اقلیت کا اپنے شہر کے شاعروں اور دانشوروں سے

تعارف کروایا۔اس شام کے بعد وہ سب دوست باقاعدگی سے ملنے لگے
کبھی ادبی نشستیں ہوتیں
کبھی موسیقی کی محفلیں جمتیں

اور

کبھی متنازعہ سماجی اور سیاسی موضوعات پر فلسفیانہ سیمینار ہوتے

خضر فیملی آف دی ہارٹ کی محفلوں میں جونیر فنکاروں اور لکھاریوں کا سینیر فنکاروں اور لکھاریوں سے تعارف کرواتا تاکہ وہ ان کے تجربے سے کچھ سیکھ سکیں۔

فیملی آف دی ہارٹ کا ایک خصوصی رضا کار تھا جو ماڈریٹر کہلاتا تھا وہ فیملی آف دی ہارٹ کی سب کاروائیوں کی خبریں سب ممبروں تک پہنچاتا تھا اور فیملی آف دی ہارٹ کی خصوصی نشستوں سے باخبر رکھتا تھا۔

فیملی آف دی ہارٹ آزادی کی سرزمین میں اتنی مقبول ہوئی کہ اس کے ممبروں کی تعداد بڑھتے بڑھتے سات سالوں میں سات سے سات ہزار ہوگئی۔

سخاوت

فیملی آف دی ہارٹ ہر سال موسم گرما میں ایک پکنک کا اہتمام کرتی تھی اور اس پکنک میں وہ تمام ممبران بھی شامل ہوتے تھے جو سال بھر اپنی نجی ذمہ داریوں اور سماجی مصروفیتوں کی وجہ سے شرکت نہ کر سکتے تھے۔

اس سالانہ پکنک کا انتظام و اہتمام ایک فارم پر کیا جاتا۔ اس فارم کا مالک خضر کا ایک دوست تھا جس کا نام سخاوت تھا۔

خضر اور سخاوت کی دوستی پرانی تھی جس پر زندگی کے نشیب و فراز کا کوئی برا اثر نہ ہوتا تھا۔ وہ دوستی کیکٹس کے پودے کی طرح تھی جسے ہر ہفتے پانی دینے کی ضرورت نہیں ہوتی کیونکہ وہ صحرا میں بھی شاداب رہتا ہے۔

خضر اور سخاوت کی دوستی ایسی تھی کہ جب بھی انہیں ایک دوسرے کی کمی یا ضرورت محسوس ہوتی وہ مل بیٹھتے اور دوستی کو تروتازہ کر لیتے۔ وہ جانتے تھے کہ

دوست آں باشد کہ گیرد دست دوست

در پریشاں حالی و درماندگی

میزبان

جہاں فیمیلی آف دی ہارٹ کے بڑے پیمانے پر سیمینار ہوتے وہیں ان کی چھوٹی چھوٹی نجی محفلیں بھی ہوتیں۔ یہ محفلیں خضر کے ایک دوست اور ان کی بیگم کے گھر میں ہوتیں جن کا نام میزبان تھا۔

میزبان کا گھر چھوٹا لیکن دل بڑا تھا۔

میزبان خود تو ایک ملحد تھا لیکن ان کی بیگم نماز روزے کی پابند اور صوفی منش خاتون تھیں۔ دلچسپی کی بات یہ تھی کہ مذہبی ہونے کے باوجود وہ اپنے شوہر کے ملحد دوستوں کی بہت خاطر مدارات کرتی تھیں۔

دھیرے دھیرے میزبان کا گھر ملحدوں کا مکہ بن گیا جہاں آزاد خیال دوست جمع ہوتے اور ہر موضوع پر تبادلہ خیال کرتے۔

میزبان کے دل اور گھر کا دروازہ تمام مکاتب فکر کے دوستوں کے لیے ہمیشہ کھلا رہتا تھا۔

میزبان کی بیگم کا نظریہ تھا کہ خدا کو ماننا یا نہ ماننا لوگوں کا ذاتی معاملہ ہے اور اسے کسی کے مذہبی نظریات سے کوئی لینا دینا نہیں۔ وہ جانیں اور ان کا خدا جانے۔ وہ منطق

سے کسی کو متاثر کرنے کی بجائے محبت سے لوگوں کے دل جیتنے کا راز جانتی تھیں اسی لیے میزبان کے سب دوست اپنی بھابی کی بہت عزت کرتے تھے۔

خضر کا جب بھی کوئی دوست دنیا کے کسی بھی شہر یا ملک سے آتا تو میزبان اسے اپنے گھر بلاتا اور ان کی بیگم اس مہمان کی بہت خدمت کرتیں اور ہر مہمان بہت خوش ہو کر لوٹتا۔

میزبان اور ان کی بیگم کی سخاوت حاتم طائی کی سخاوت کی طرح ساری دنیا میں مشہور ہوتی جا رہی تھی میزبان نہ صرف لوگوں کی جسمانی خوراک کا بلکہ ان کی ذہنی خوراک کا بھی خیال رکھتے۔

ان کے گھر میں سنجیدہ موضوعات پر سنجیدہ مکالمے ہوتے جن سے سب حاضرین مستفید ہوتے۔

اینتھولوجی

فیملی آف دی ہارٹ نے اپنی انجمن کی دسویں سالگرہ کے موقع پر ایک اینتھولوجی چھاپی جس کے لیے ممبران نے نہ صرف اپنے سماجی رشتوں کی کہانی رقم کی بلکہ اپنے تخلیقی تجربات کا ماجرا بھی لکھا۔ وہ اینتھولوجی فیملی آف دی ہارٹ کی دوستیوں کا شاندار اور بھرپور اظہار تھا۔

جب دوستوں نے خضر سے درخواست کی کہ وہ بھی اس پروجیکٹ میں شرکت کرے تو خضر نے انہیں ایک نظم بھیجی جو اس اینتھولوجی میں چھپی۔ اس نظم میں خضر نے فیملی آف دی ہارٹ کے ممبران کے مخلص رشتوں کی بھرپور ترجمانی کی تھی۔ اس نظم کا عنوان تھا۔

ایک خاص تعلق
آپ کا اور میرا تعلق

ایک خاص تعلق ہے
بہت ہی خاص تعلق
یہ تعلق جسمانی، رومانوی یا جنسی تعلق نہیں ہے
یہ تعلق جذباتی، روحانی اور تخلیقی تعلق ہے
یہ وہ تعلق ہے جسے الفاظ میں بیان نہیں کیا جا سکتا
یہ تعلق تمام تعریفوں سے بالاتر ہے
اس تعلق میں ہم ایک دوسرے کی اعلیٰ خصوصیات کو بڑھاوا دیتے ہیں
اس تعلق کے حوالے سے ہم ایک دوسرے سے ہی نہیں
دوسرے انسانوں سے بھی جڑے ہوئے ہیں
وقت گزرنے کے ساتھ ساتھ
زیادہ سے زیادہ انسانوں کو
یہ احساس ہو رہا ہے کہ
ہر انسان ساری انسانیت سے ایسا ہی جڑا ہوا ہے جیسے
ہر درخت جنگل سے
ہر پھول باغ سے
ہر ستارہ کہکشاں سے

اور

ہر قطرہ سمندر سے جڑا ہوا ہے

یہ تعلق

ایک گہرا تعلق ہے

ایک طلسماتی تعلق ہے

ایک پراسرار تعلق ہے

ایک مقدس تعلق ہے

کیونکہ وہ

ایک انسانی تعلق ہے

ایک دن ہم سب کو یہ احساس ہو جائے گا کہ

ہم سب انسان

ایک ہی خاندان کا حصہ ہیں

کیونکہ ہم سب

دھرتی ماں کے بچے ہیں

پانچ خصوصی دوست

دوستوں کے ایک بڑے خارجی حلقے کے ساتھ ساتھ خضر کا ایک چھوٹا سا داخلی حلقہ بھی تھا۔ اس حلقے کے پانچ ممبر تھے جو ایک دوسرے کو دل کا حال بھی سناتے تھے اور ایک دوسرے سے ہر موضوع پر تبادلہ خیال بھی کرتے تھے۔

اس حلقے کا

پہلا ممبر ایک پکا مسلمان تھا

دوسرا ممبر جوانی میں ہی ملحد ہو چکا تھا۔

تیسرا کمیونسٹ پارٹی کا رہنما تھا

چوتھا ایک انارکسٹ سوچ رکھتا تھا

اور پانچواں ممبر خضر تھا جو کہ ایک انسان دوست تھا۔

وہ سب اپنے نظریاتی اختلافات کے باوجود ایک بات پر متفق تھے کہ ہمیں پرامن معاشرے کے قیام کی کوشش کرنی چاہیے۔

ان کی منزل ایک لیکن راستے جدا تھے۔

خضر کا موقف تھا کہ مختلف خیالات اور نظریات لوگوں کو ایک پرامن معاشرے کے قیام میں مدد کرتے ہیں لیکن جب وہ نظریات تشدد کے حق میں تاویلیں اور دلیلیں پیش کرنا شروع کر دیں تب وہ انسانیت کے لیے خطرہ بن جاتے ہیں۔
خضر کو دھیرے دھیرے اندازہ ہوا کہ نظریات کے اختلاف کے باوجود دوستی ہو سکتی ہے۔ خضر کو اپنے دوستوں کے ایک دوسرے سے خلوص سے ملنے اور مشکل وقت میں ایک دوسرے کی مدد کرنے نے بہت متاثر کیا۔

انقلاب

جب خضر کی ملاقات ایک کامریڈ سے ہوئی جس کا نام انقلاب تھا تو اسے یہ جان کر خوشگوار حیرت ہوئی کہ مارکسی نظریات رکھنے کے باوجود اس کی شخصیت دوستانہ اور امن پسند تھی۔

خضر نے انقلاب سے دوستی کے آغاز میں ہی اسے بتا دیا تھا کہ وہ تشدد اور مسلح جدوجہد کے خلاف ہے۔

انقلاب نے خضر کو تسلی دی کہ مسلح جدوجہد انقلاب کا پہلا نہیں آخری قدم ہوتا ہے۔

خضر اور انقلاب نے مل کر ایک کتاب لکھی جس کا عنوان سماجی تبدیلی: ارتقا یا انقلاب؟ تھا۔

انقلاب ادب میں بھی گہری دلچسپی رکھتا تھا اور یہ سمجھتا تھا کہ ترقی پسند ادب کسی بھی معاشرے کی سماجی اور سیاسی تبدیلی میں اہم کردار ادا کر سکتا ہے۔

انقلاب نے خضر کا جن دو اہم مارکسی دانشوروں سے تعارف کروایا ان کا نام

لوئی التھو زر

اور

انٹونیو گرامچی

تھا۔

گرامچی جب اپنے باغیانہ نظریات کی وجہ سے جیل کی صعوبتیں کاٹ رہا تھا اسی دوران اس نے جیل کی تیس ڈائریاں لکھی تھیں۔ ان ڈائریوں میں اس نے سیاسی تبدیلیوں کے ثقافتی تبدیلیوں سے گہرے پراسرار رشتوں کے بارے میں اپنی آرا لکھی تھس۔ اس نے یہ بھی لکھا تھا کہ انسان کی مادی ضرورتوں کے ساتھ ساتھ اس کی روحانی ضروریات بھی ہیں جنہیں روایتی مارکسٹ اور کمیونسٹ نظر انداز کرتے ہیں۔ گرامچی کا خیال تھا کہ انسانی شخصیت کوئی جامد چیز نہیں ہے۔ سماجی تبدیلیوں کے ساتھ ساتھ انسانی شخصیت بھی ارتقا پزیر ہے۔

ایک ماہر نفسیات ہونے کے ناطے خضر نے جب التھو زر کی سوانح عمری پڑھی تو اسے اندازہ ہوا کہ اس نے ایک نفسیاتی بحران کے دوران اپنی بیوی کو قتل کر دیا تھا۔

خضر کی ان ادیبوں ٗشاعروں اور دانشوروں کی سوانح عمریوں میں گہری دلچسپی تھی جو نفسیاتی مسائل کا شکار تھے۔ ان ادیبوں کی طویل فہرست میں ورجینیا وولف ٗ سلویا پلاتھ ٗ ارنسٹ ہیمنگوے اور ونسنٹ وین گو بھی شامل تھے۔

ان شخصیتوں کو اپنی تخلیقی صلاحیتوں اور غیر روایتی زندگی کی بھاری قیمت ادا کرنی پڑی تھی۔

خضر جانتا تھا کہ انقلاب ایک مارکسسٹ ہونے کے ناطے طبقاتی جدوجہد پر اپنی توجہ مرکوز کرتا تھا جبکہ خضر انسان دوست تھا اس کا کہنا تھا کہ طبقاتی جدوجہد انسانی جدوجہد کا صرف ایک پہلو ہے

ایک مزدور طبقاتی جدوجہد کے محاز پر جنگ لڑتا ہے

اگر وہ مزدور عورت ہے تو وہ طبقاتی محاز کے ساتھ صنفی محاز پر بھی جنگ لڑتی ہے

اگر وہ مزدور عورت سیاہ فام بھی ہے تو وہ طبقاتی اور صنفی محازوں کے ساتھ نسلی محاز پر بھی جنگ لڑتی ہے

اور اگر وہ سیاہ فام مزدور عورت لیسبین بھی ہے تو وہ طبقاتی ٗصنفی اور نسلی محاز کے ساتھ ساتھ جنسی محاز پر بھی جنگ لڑتی ہے۔

خضر کا موقف تھا کہ انسان کی کامل آزادی کے لیے ہمیں ہر محاز کو اہمیت دینی چاہیے۔

انقلاب آزادی کی سرزمین میں اعلیٰ تعلیم حاصل کرنے کے بعد واپس روایت کی سرزمین میں چلا گیا تا کہ نوجوانوں کو طبقاتی جدوجہد کے لیے تیار کر سکے۔اس کا خیال تھا کہ روایت کی سرزمین میں چاہے وہ سیاسی لیڈر ہوں یا فوجی رہنما ٗچاہے وہ آمر ہوں یا جمہوری سیاست دان وہ سب مراعات یافتہ طبقے سے تعلق رکھتے ہیں اور

غریبوں کے مسئلوں اور ضرورتوں پر اپنی توجہ مرکوز نہیں کرتے۔

انقلاب انٹرنیٹ پر ایک ایسی یونیورسٹی بنانا چاہتا تھا جو غریبوں، کسانوں اور مزدوروں کی تربیت کرے اور نامیاتی دانشور پیدا کرے تا کہ وہ سیاسی جدوجہد کی راہ ہموار کر سکیں۔

انقلاب کی شخصیت کے سنجیدہ سیاسی پہلو کے ساتھ ساتھ ایک دلچسپ رومانوی پہلو بھی تھا کیونکہ وہ مشرقی اور مغربی دختران خوش گل میں بہت مقبول تھا۔ جب انقلاب نے خضر کے رومانوی تجربے سے کچھ سیکھنا چاہا تو خضر نے مسکراتے ہوئے مشورہ دیا کہ اسے جذباتی طور پر مستقل مزاج عورتوں کی زلف کا اسیر ہونا چاہیے اور حد سے زیادہ جذباتی عورتوں سے ہمبستری سے احتراز کرنا چاہیے۔

وفادار

انقلاب نے خضر کا تعارف روایت کی سرزمین سے آئے ہوئے ایک دوست سے کروایا جس کا نام وفادار تھا۔ وفادار ایک شاعر اور ایکٹر ہی نہیں ایک ڈائریکٹر بھی تھا۔ اس نے نشریاتی دنیا کی بہت سی مشہور شخصیات کے ساتھ کام بھی کیا تھا۔

خضر کو یہ جان کر خوشی ہوئی کہ وفادار کے والد خوددار کی خضر کے چچا شاعر سے دوستی تھی۔ وہ دونوں ترقی پسند مصنفین کی تحریک میں شامل تھے۔ وفادار اپنے آدرشوں میں بہت پکا تھا۔ وہ جدید اور قدیم عالمی ادب میں گہری دلچسپی رکھتا تھا۔

جب خضر نے وفادار کی ادب عالیہ کے بارے میں رائے پوچھی تو اس نے کہا کہ ادب عالیہ تخلیق کرنے والے متوازن ادب تخلیق کرتے ہیں جس میں ادب کے مختلف پہلوؤں میں ایک تناسب پایا جاتا ہے۔

خضر نے وفادار کو بتایا کہ وہ ان ادیبوں، شاعروں اور دانشوروں کو عزت کی نگاہ سے دیکھتا ہے جنہوں نے ادب تخلیق کرنے سے پہلے اپنا ہوم ورک کیا ہوتا ہے تاکہ وہ اپنی تخلیقات میں اپنی بصیرتیں پیش کر سکیں۔ خضر ایسے ادب کو ادب عالیہ سمجھتا تھا جس میں دانائی پوشیدہ ہوتی ہے اسی لیے اسے لوک ورثہ بہت مرغوب تھا کیونکہ اس میں

اجتماعی دانائی ایک نسل سے اگلی نسل میں منتقل ہوتی ہے۔

وفادار مذہبی عقائد تو رکھتا تھا لیکن یہ بھی سمجھتا تھا کہ تمام مذہبی' روحانی اور سیکولر روایات کرہ ارض پر پر امن معاشرے قائم کرنے کا امکانات دریافت کرنے کی کوششیں ہیں۔ اس کا خیال تھا کہ مذہبی بنیاد پرست رہنما مذہبی روایات کے مناسب نمائندے نہیں ہیں کیونکہ وہ مذہبی روایات اور اعتقادات کو خدمت خلق سے زیادہ اپنے ذاتی مقاصد کے لیے استعمال کرتے ہیں۔

وفادار کو جدید شاعروں میں ایذرا پاؤنڈ' اوکتاویا پاز اور پابلو نرودا بہت پسند تھے۔ اس کا خیال تھا کہ جدید نظم کو سمجھنے سے زیادہ محسوس کرنے کی ضرورت ہے کیونکہ جدید شاعر جدید نظم کو شروع کرتا ہے اور جدید قاری اس نظم کو اپنے تخیل سے پایہ تکمیل تک پہنچاتا ہے۔ اسطرح جدید قاری بھی جدید شاعر کے ساتھ تخلیقی عمل کا حصہ بن جاتا ہے۔

جدید نظم پڑھنا اتنا ہی تخلیقی عمل ہے جتنا کہ جدید نظم لکھنا۔

وقت کے ساتھ ساتھ خضر اور وفادار کی دوستی گہری ہوگئی اور خضر وفادار کی بیوی ایماندار اور اس کے دو بچوں معصوم اور شرارتی سے تواتر سے ملنے لگا۔ وہ ہر ماہ بچوں کو میکڈانلڈ کھلانے لے جاتا اور وفادار کے خاندان کے ساتھ وقت گزارتا۔ میکڈانلڈ جا کر وہ سب بگ میک' کواٹر پاؤنڈر' فرنچ فرائیز' ہیپی میلز اور سٹرابیری سنڈے سے بہت لطف اندوز ہوتے۔ بچوں کے ساتھ کھیلنے سے خضر کے اندر کا چھپا بچہ بھی خوش رہتا۔

مہربانی

جب خضر کی مہربانی نامی خاتون سے پہلی بار ملاقات ہوئی تو مہربانی نے کہا
میں آپ کی دوست بننا چاہتی ہوں
خضر نے وجہ پوچھی تو مہربانی نے کہا
میں نے آپ کی کتاب میں پڑھا ہے کہ آپ روایت کی سرزمین کی خواتین سے دوستی نہیں کرتے کیونکہ جلد یا بدیر اس خاتون کا باپ، شوہر، بھائی یا بیٹا آپ کی دوستی پر اعتراض کرتا ہے۔
میں آپ کو یقین دلانا چاہتی ہوں کہ ہماری دوستی پر کوئی بھی مرد معترض نہ ہوگا۔
خضر مہربانی کی باتوں سے بہت خوش ہوا۔ کچھ عرصہ بعد خضر کی مہربانی کے والد انار کزم سے ملاقات ہوئی جو
مذہب
شادی

اور

ریاست

کی روایات کے خلاف تھا اور معاشرے میں سماجی انقلاب لانا چاہتے تھے۔ انارکزم

ایک ایسے دانشور تھے جنہوں نے جورج آرویل کے ناول اور ایما گلوڈمین کی سوانح

عمری کے ترجمے کیے تھے۔

جب خضر اور مہربانی گہرے دوست بن گئے تو انہوں نے انٹرنیٹ پر ایک سنجدہ

مکالمہ شروع کیا۔ موضوع یہ تھا کہ

کیا روایت کی سرزمین کے مردوں اور عورتوں کی دوستی ہوسکتی ہے؟

اس مکالمے میں شامل ہونے والوں میں سے کچھ ایسی دوستی کے حق میں تھے اور کچھ

اس کے خلاف کیونکہ وہ سمجھتے تھے کہ ایسی دوستی بے حیائی کو فروغ دے گی۔

خضر کی مہربانی سے دوستی نے اسے ایک نظم لکھنے کی تحریک دی

وہ نظم کچھ یوں تھی۔

ان دیکھی زنجیریں

جب ہم

کچھ مختلف

کچھ منفرد
کچھ غیر روایتی
کرنا چاہتے ہیں
تو ہم
روایت کی ان دیکھی زنجیروں
کا دباؤ محسوس کرتے ہیں
وہ زنجیریں سرگوشی میں کہتی ہیں
روایت کی سرحد پار نہ کرو
اور اگر تم نے وہ سرحد پار کی
تو اس کی قیمت ادا کرنی پڑے گی
روایتی لوگ اس سرحد کو پار نہیں کرتے
وہ نتائج سے خوفزدہ رہتے ہیں
لیکن غیر روایتی لوگ
اس سرحد کو پار کر لیتے ہیں
وہ خوابوں کی دنیا میں داخل ہو جاتے ہیں
اور

ان دیکھی زنجیروں کو توڑنے
اور
روایت کی سرحد پار کرنے
کی قیمت
کے لیے تیار رہتے ہیں

ہمزاد

خضر کا ایک ایسا دوست بھی تھا جو اس سے ہزاروں میل دور رہ کر بھی اس کے دل کے بہت قریب تھا۔ وہ فنکار بھی تھا' ادا کار بھی تھا اور ہدایت کار بھی۔ اس کا نام ہمزاد تھا۔ خضر اور ہمزاد کی دوستی اتنی پکی اور گہری تھی کہ خضر کی ایک محبوبہ اس سے تھوڑا سا رشک کرتی تھی اور تھوڑا سا حسد۔

جب خضر کو پابندیوں کی سرزمین جانے کا 'جہاں ہمزاد رہتا تھا' ویزا نہ ملا تو ہمزاد خضر سے ملنے آزادی کی سرزمین چلا آیا۔ دونوں نے اپنی ملاقات میں ادب اور فلسفے' نفسیات اور سماجیات کے موضوعات پر میراتھان مکالمے کیے اور ایک مشترکہ کتاب لکھنی شروع کی۔

جب ہمزاد چلا گیا تو خضر نے اپنے دوست کے بارے میں ایک نظم لکھی جس کا عنوان تھا۔
انسپیریشن
تم آئے بھی اور چلے بھی گئے
اب یوں لگتا ہے

نہ تم آئے تھے نہ گئے
جب تم موجود تھے تو میں خاموش تھا
اب تم چلے گئے ہو
تو میں اپنے ہی دل میں
تم سے باتیں کرتا ہوں
تم میرے ہمزاد ہو
میری باتوں اور خاموشیوں کے ہمراز ہو
اب ہمارے پاس وقت کم رہ گیا ہے
کیونکہ زندگی کی شام قریب آن پہنچی ہے
میں یہ سوچ کر دکھی ہو جاتا ہوں
کہ شاید ہماری کبھی دوبارہ ملاقات نہ ہو
لیکن یہ سوچ کر سکھی بھی ہو جاتا ہوں
کہ ہمارا ایک خاص تعلق ہے
ایسا تعلق
جو وقت اور فاصلے سے ماورا ہے
اور ایک دوسرے کی بہترین خصوصیات کو اجاگر کرتا ہے

مداح

ایک دو پہر خضر کو ایک اجنبی کی طرف سے غیر متوقعہ محبت نامہ موصول ہوا جس کا نام مداح تھا۔ مداح ایک پبلشر بھی تھا اور کتب فروش بھی۔

مداح نے بتایا کہ پچھلے تین ماہ میں خضر کی کتاب سماجی تبدیلی ۔۔۔ ارتقا یا انقلاب

کی دو سو پچاس کتابیں بک چکی ہیں اب اس کے پاس کوئی کاپی نہیں بچی اور نوجوان ہیں کہ کتاب خرید نے آتے چلے جاتے ہیں۔ مداح نے خضر کی اجازت چاہی کہ وہ اس کتاب کا نیا سر ورق بنوا کر دوسرا ایڈیشن چھاپے۔

خضر مداح کی اس کی کتاب میں دلچسپی پڑھ کر اتنا متجسس ہوا کہ اس نے مداح کو روایت کی سرزمین فون کیا۔

مداح نے خضر کو بتایا کہ وہ اسے طالب علمی کے زمانے سے جانتا بھی ہے اور اس کی کتابیں پڑھتا بھی رہا ہے۔ خضر کی کتابوں نے مداح کے سوچ کے دھارے بدل دیے تھے اور اس نے اپنے آپ سے وعدہ کیا تھا کہ جب وہ پبلشر بنے گا تو خضر کی

کتابیں چھاپے گا تا کہ اس کی طرح اور نوجوان بھی خضر کی کتابیں پڑھیں اور ان کتابوں کے آدرشوں سے اپنی زندگیاں سنواریں۔

اور اب وہ وقت آگیا تھا جب روایت کی سرزمین میں نوجوان خضر کی غیر روایتی سوچ کی کتابیں خریدتے بھی تھے اور لائبریریوں سے مستعار بھی لیتے تھے۔

خضر نے مداح کو اس کی کتابیں چھاپنے کی خوشی اور فخر سے اجازت دے دی۔

خضر نے مداح کو بتایا کہ جب وہ نوجوان تھا اور اپنے پسندیدہ ادیبوں کی کتابیں لائبریری سے لاتا تھا تو اس کا ایک خواب تھا کہ ایک دن ایسا بھی آئے گا جب نوجوان لائبریری سے اس کی کتابیں لاکر پڑھیں گے اور مداح اس کے اس خواب کو شرمندہ تعبیر کر رہا تھا۔

حریف

جہاں خضر کے بہت سے چاہنے والے اور پرستار تھے وہاں اس کے چند رقیب اور حریف بھی تھے جو اس سے رشک بھی کرتے تھے اور حسد بھی اور یہ رشک و حسد اس وجہ سے تھا کہ وہ

بہت مقبول تھا

بہت ہر دلعزیز تھا

بہت کامیاب تھا

معزز معالج تھا

اس نے

بہت سی کتابیں تخلیق کی تھیں

بہت سے شہروں کی سیر کی تھی

وہ

آزاد منش تھا

اس کی
بہت سی مہوشوں اور پری چہرہ خواتین سے دوستی تھی
جب اس کے حاسدوں نے
اس کے خلاف زہریلے مضامین لکھے
اور اس نے کوئی جواب نہ دیا
انہیں درخورِ اعتنا نہ سمجھا
تو لوگوں نے پوچھا
آپ چپ کیوں ہیں؟
تو خضر نے کہا
یہ مضامین اس قابل ہی نہیں کہ ان کو جواب دیا جائے
میری نانی کہا کرتی تھیں
اک چپ تے سو سکھ

دو حیرتیں

ادبی زندگی کی بہت سی حیرتوں میں سے دو حیرتیں ایسی تھیں جو خضر کو بہت مرغوب تھیں۔

پہلی حیرت یہ تھی کہ آزادی کی سرزمین میں ایک پبلشر نے خضر سے رابطہ قائم کیا تھا اور اس سے اجازت چاہی تھی کہ وہ خضر کی کہانی

جزیرہ

کو ہائی سکول کے طالب علموں کی اینتھالوجی

گلوبل سفاری

میں شامل کرے

خضر کے وہم و گمان میں بھی نہ تھا کہ ایک دن اس کا افسانہ ہومر اور چیخوف جیسے کلاسیکی ادیبوں اور ہنرک بول اور نادین گوڈامیر جیسے جدید لکھاریوں کی تخلیقات کی صف میں کھڑا ہوگا۔

دوسری حیرت یہ تھی کہ پابندیوں کی سرزمین سے ایک طالبہ کا خط آیا تھا کہ وہ خضر کی

کہانیوں پر ایم فل کا تھیسس لکھ رہی ہے۔

خضر کو حیرانی تھی کہ اس کی کہانیاں اس پابندیوں کی سرزمین تک پہنچ گئی تھیں جہاں
اسے جانے کی اجازت نہیں تھی

یہ دو حیرتیں خضر کے لیے کافی تھیں کہ اس کی برسوں کی ادبی محنت‘ مشقت‘ محبت اور
ریاضت رائگاں نہیں گئی تھی۔

مقبول

جوں جوں خضر کی عمر بڑھتی گئی اس کا اپنے دوستوں سے عمر کا فاصلہ بھی بڑھتا گیا۔ خضر نے نوجوان ادیبوں سے دوستی بڑھائی کیونکہ اس کے ہم عمر تخلیقی سن یاس کا شکار ہو گئے تھے۔

خضر کا ایک نوجوان دوست جس کا نام مقبول تھا ایک ٹی وی کا نہایت دلچسپ پروگرام کرتا تھا اور دنیا بھر کی اہم شخصیات کا انٹرویو کرتا تھا۔

مقبول نے خضر کو بتایا کہ نوجوان نسل اخبار پڑھنے سے زیادہ ٹی وی کے پروگرام دیکھتی ہے اور کتاب سے زیادہ فیس بک پڑھتی ہے۔

ایک شام مقبول نے اپنے پروگرام میں خضر کا انٹرویو لیا اور ارتقا کے بارے میں اس کے خیالات و نظریات پوچھے

خضر نے بتایا کہ انسانوں نے ارتقا کے سفر میں تین چیزیں سیکھی ہیں

3Cs

Critical Thinking

Creative Imagination

Compassionate Heart

تنقیدی سوچ تا کہ وہ اندھے ایمان کو چیلنج کر سکیں

تخلیقی سوچ تا کہ وہ فن پارے تخلیق کر سکیں

اور

ہمدردی کا جذبہ تا کہ وہ ساری انسانیت سے محبت کر سکیں

خضر نے کہا کہ انسان جوں جوں مہذب ہو رہا ہے وہ سیکھ رہا ہے کہ سب انسان ایک ہی زنجیر کی کڑیاں ہیں اور ہر زنجیر اتنی ہی مضبوط ہوتی ہے جتنی کہ اس کی کمزور ترین کڑی۔

مزاح

خضر خود تو ایک سنجیدہ مزاج کا مالک تھا لیکن اس نے جو نیا دوست بنایا اس کا نام مزاح تھا۔

مزاح آنسوؤں کو مسکراہٹوں میں تبدیل کرنے کا فن جانتا تھا۔

مزاح جس محفل میں بھی جاتا لوگ اس سے اسکے پر لطف خاکے سنانے کی فرمائش کرتے اور ان خاکوں سے محظوظ و مسحور ہوتے۔

مزاح کے مضامین اپنے سامعین کی زندگی کی چاشنی کو دوبالا اور ان کی ذہنی پریشانیوں کو کم کر دیتے

لوگ جب مل کر ہنستے تو ایک نئے رشتے میں منسلک ہو جاتے

ایک دن جب مزاح نے خضر سے ایک ماہر نفسیات ہونے کے ناطے طنز و مزاح کے بارے میں پیشہ ورانہ رائے پوچھی تو خضر نے کہا

فرائڈ نے نفسیاتی مسائل کو سلجھانے کی جو حفاظتی تدابیر بتائی تھیں مزاح کو اس فہرست میں اعلیٰ مقام دیا تھا اور کہا تھا کہ ذہنی طور پر صحتمند لوگ مزاح کو اپنی شخصیت میں

شامل کر لیتے ہیں اور زندگی سے پورا لطف اٹھاتے ہیں

ایک شام جب خضر مزاح سے ڈنر اور ڈائلاگ کے لیے ملا تو اس نے کہا

فریڈرک نیٹشے سے کسی نے پوچھا

جانوروں اور انسانوں میں کیا فرق ہے؟

تو نیٹشے نے کہا

انسان وعدے کر سکتے ہیں جانور وعدے نہیں کر سکتے

انسان خودکشی کر سکتے ہیں جانور خودکشی نہیں کر سکتے

اور

انسان ہنس سکتے ہیں جانور ہنس نہیں سکتے

مزاح شاعر اور فلسفی خلیل جبران کا اتنا مداح تھا کہ اس نے ایک نیا کردار تخلیق کیا تھا اور اس کا نام رکھا تھا۔۔۔علیل جبران

مزاح علیل جبران کے جو اقوال لکھتا تھا وہ اس کے قارئین اور سامعین کو بہت پسند آتے تھے۔ خضر نے جن پسندیدہ اقوال کا انگریزی میں ترجمہ کیا تھا وہ مندرجہ ذیل تھے۔

۱۔جس طرح بچے عورت کی کوکھ سے نکلتے ہیں
اسی طرح
اچھا مزاح ہمیشہ درد کی کوکھ سے جنم لیتا ہے

۲۔گلاس اور محبوبہ کو تھامنا ایک آرٹ ہے
بچپن میں کئی گلاسیں توڑ کر
اور جوانی میں
کئی محبوباؤں کو ناراض کرنے کے بعد
ہم اس آرٹ کو سیکھتے اور سمجھتے ہیں

۳۔نئی بیوی نیا عشق اور نیا سیل فون نیند اڑا دیتا ہے

۴۔انٹلکچول اسے کہتے ہیں جو پہنتا اور کھاتا سادہ ہے
مگر لکھتا اور بولتا ثقیل ہے

۵۔ہر بچے کے اندر ایک بوڑھا چھپا ہوتا ہے

بشرطیکہ وہ لمبی عمر پائے

۶۔ کیسی عجیب ہو گئی ہے دنیا
نفرت کے لیے سینکڑوں مل جاتے ہیں
محبت کے لیے ایک نہیں

خضر نے ایک دن مزاح کو بتایا کہ وہ بھی خلیل جبران کا مداح ہے اور اسے خلیل جبران کا یہ قول بہت پسند ہے کہ
ایسا کبھی نہ سوچنا کہ تم محبت کی رہنمائی کر سکتے ہو اگر محبت تمہیں اس قابل سمجھے تو وہ تمہاری رہنمائی کرے گی۔

ادب

خضر کو ادب سے گہرا لگاؤ تھا۔

اس نے مشرق اور مغرب، شمال اور جنوب کے شاعروں، ادیبوں اور دانشوروں کی نظموں، غزلوں، افسانوں اور مقالوں کا سنجیدگی سے مطالعہ کیا تھا۔

خضر یہ سچ جان گیا تھا کہ عظیم ادیب جو ادب عالیہ تحریر کرتے ہیں ان میں وہ ایسی تشبیہیں اور استعارے تخلیق کرتے ہیں جو انسانی ذہن کو نئے خطوط پر سوچنے کی دعوت دیتے ہیں۔

عظیم ادیبوں کی تخلیقات اپنے عہد کے مسئلوں، خوابوں اور آدرشوں کی ترجمانی کرتی ہیں اور اپنے قارئین کے دل میں امید کے دیے جلاتی ہیں۔

خضر کا پسندیدہ ادب اساطیری کہانیاں تھیں۔

خضر کا کہنا تھا کہ ہم نہیں جانتے کہ لوک کہانیاں کس نے لکھی ہیں لوک کہانیاں تخلیق کرنے والے اسی طرح خود مر کر اپنی تخلیق میں حیات جاوید پاتے ہیں جیسے دریا سمندر میں خود کو کھو کر امر ہو جاتا ہے

ادب عالیہ میں دانائی مضمر ہوتی ہے ایسی دانائی جو انسانیت کو ارتقا کے راستے پر گامزن کرتی ہے۔

خضر کا موقف تھا کہ

ادب عالیہ انسانیت کی خدمت بھی کرتا ہے اور ارتقا کے سفر میں اہم کردار بھی ادا کرتا ہے۔

پروفیسر

جب خضر کی بیٹی تمکنت نے اپنی ماں کے نقش قدم پر چلتے ہوئے ایک ماہر نفسیات بننے کا فیصلہ کیا تو خضر نے اپنے دوست کے ساتھ 'جس کا نام پروفیسر تھا' نفسیات کے طالب علموں کے لیے ایک کتاب لکھی اور اس کا نام

ماہر نفسیات بننے کے راز

رکھا۔

اس کتاب میں خضر نے نفسیات کے دس مکاتب فکر کا تعارف لکھا اور

سگمنڈ فرائڈ

کارل ینگ

الفریڈ ایڈلر

ھیری سٹاک سالیوان

مرے بوون

ژاں پال سارتر

ابراہم میسلو

وکٹر فرینکل

ایرک ایرکسن

اور

ایرک فرام

کے پیچیدہ دشوار اور گنجلک فلسفوں کو عام فہم زبان میں پیش کیا۔

خضر نے جب اپنے دوست پروفیسر کو مسودہ دکھایا تو اس نے بھی خضر کی کتاب اور نفسیات کے طالب علموں کے لیے نفسیاتی مسائل کی گتھیوں کو سلجھانے کے عنوان سے دو ابواب لکھے۔

خضر کو اپنے ادبی دوستوں کے ساتھ مل کر کتابیں لکھنے کا بہت شوق تھا۔

اسے اپنی نانی اماں کا یہ قول پسند تھا کہ

ایک اور ایک دو نہیں گیارہ ہوتے ہیں

خضر کو سرخ فام انڈین چیف بلیک ایلک کا یہ قول بھی عزیز تھا کہ

دنیا کا کوئی بھی بڑا کام ایک انسان اکیلے نہیں کر سکتا

خضر کا کہنا تھا کہ

مل کر کام کرنا اکیلے کام کرنے سے زیادہ با معنی ہوتا ہے

تاریخ

خضر کی ایک دانا دوست سے ملاقات ہوئی جس کا نام تاریخ تھا۔

تاریخ ہمہ جہت شخصیت کا مالک تھا۔

وہ شاعر بھی تھا مصور بھی

فنکار بھی تھا موسیقار بھی

لیکن اس کی سب سے بڑی دلچسپی انسانی ارتقا میں تھی

اس نے انسانی ارتقا کے سب نظریات میں اپنے خیالات ملا کر ایک نیا نظریہ پیش کیا تھا

تاریخ نے اپنا نظریہ تو بڑی جانفشانی سے لکھا تھا لیکن اسے اس پیرائے میں پیش کیا

تھا کہ اس کی تفہیم کے لیے قاری کو

سماجیات نفسیات اور معاشیات کے علم کی ضرورت تھی۔

تاریخ کو ایک ماہر معاشیات ہونے کے ناطے ایسے مقالے لکھنے کی عادت تھی

جسے صرف ماہرین ہی سمجھ سکتے تھے۔

تاریخ کو اپنی تھیوری لکھنے میں بہت سی دشواریوں کا سامنا کرنا پڑا لیکن اس نے

ہمت نہ ہاری۔اس نے ہیگل اور مارکس کے نظریات سے استفادہ بھی کیا اوران میں اضافہ بھی۔

خضر انسانی ارتقا کے مطالعے میں مورخ آرنلڈ ٹوئن بی سے کافی متاثر تھا کیونکہ ٹوئن بی نے مختلف تہذیبوں کا مطالعہ بھی کیا تھا اور تجزیہ بھی۔

ٹوئن بی اپنے مطالعے سے اس نتیجے پر پہنچا تھا کہ جب کوئی قوم کسی بحران کا شکار ہوتی ہے تو اس کا مستقبل اس بات پر منحصر ہوتا ہے کہ اس بحران کے دوران اس قوم کے رہنما کتنے دانشمندانہ فیصلے کرتے ہیں۔

خضر نے تاریخ کے مقالوں کے مطالعے سے قاری اور لکھاری کے درمیان ابلاغ کی اہمیت کو جانا اور پہچانا۔

خضر نے یہ سیکھا کہ تخلیقی ابلاغ بھی اتنا ہی اہم ہے جتنا کہ تخلیقی اظہار

فلسفی برٹنڈ رسل کا کہنا تھا کہ اسے عام فہم زبان میں لکھنے میں پچاس برس لگے تا کہ زیادہ سے زیادہ لوگ اس کی تحریروں سے استفادہ کر سکیں۔

رسل کا موقف تھا کہ انسانی ارتقا کا سفر مذہب سے فلسفے اور فلسفے سے سائنس کا سفر ہے۔ اس کا کہنا تھا کہ مذہب ہمارا ماضی اور سائنس ہمارا مستقبل ہے۔

خضر بہت خوش تھا کہ تاریخ نے اسے ارتقا کے نئے پہلوؤں سے متعارف کروایا تھا۔

اسرار

خضر ایک خوش قسمت انسان تھا کیونکہ اس کے بہت سے مخلص ' دلچسپ اور ذہین دوست تھے۔ان دوستوں میں سے ایک کا نام اسرار تھا۔

اسرار سائنسدان بھی تھا ' شاعر بھی اور فلسفی بھی۔

خضر اور اسرار گھنٹوں زندگی کے رازوں کے بارے میں تبادلہ خیال کرتے رہتے۔

اسرار کا کہنا تھا کہ کائنات میں چیزیں یا مستحکم حالت میں ہوتی ہیں یا عارضی حالت میں۔وہ برف پانی اور بھاپ کی مثال دیتا

اگر برف کو ایک تھالی میں ڈال کر چولھے پر رکھا جائے تو تھوڑی ہی دیر کے بعد برف پانی میں تبدیل ہو جائے گی اور اگر زیادہ دیر رکھا جائے تو پانی بھاپ میں تبدیل ہو جائے گا۔

برف کے پانی بننے اور پانی کے بھاپ بننے سے ان کی خصوصیات بدل جاتی ہیں۔

خضر کا موقف تھا کہ انسانی ذہن مختلف کیفیات میں رہتا ہے

اگر غصے میں ہو تو تشدد کرتا ہے

اگر پرسکون ہو تو آشتی کا اظہار کرتا ہے

خضر اور اسرار کی مشترکہ خواہش تھی کہ وہ بشریات ' نفسیات اور سماجیات کی کتابوں کا ترجمہ کریں تا کہ روایت کی سرزمین کے باسی عالمی ادب سے مستفید ہو سکیں۔

راز

ایک موسم گرما میں خضر کو اپنے ہائی سکول کے سائنس نامی استاد کی دعوت آئی کہ وہ مختلف علوم کی عالمی کانفرنس میں شریک ہوں۔ خضر نے وہ دعوت خوشی سے قبول کر لی۔

اس کانفرنس میں خضر نے کائنات کے بہت سے راز سیکھے۔

کاسمولوجی کے لیکچر میں خضر نے سیکھا کہ

ہماری کائنات کی پیدائش کو چودہ بلین سال ہو گئے ہیں

اور کرہ ارض کو معرض وجود میں آئے چار بلین سے زیادہ عرصہ ہو گیا ہے۔

پہلے نصف بلین سال زمین پر زندگی موجود نہ تھی لیکن پھر سمندر کی نچلی سطح پر زندگی نہ صرف پیدا ہوئی بلکہ ارتقا پزیر بھی ہوئی۔ پھر زندگی سمندر کی گہرائیوں سے نکل کر زمین کی سطح پر چاروں طرف پھیل گئی۔

پھر پرندے اور جانور پیدا ہوئے اور ارتقا کی مختلف منازل طے کرتے ہوئے حیوان انسان بن گئے۔

خضر نے بشریات کے لیکچر سے سیکھا کہ

انسانوں کی پیدائش افریقہ میں ایک لاکھ سال پہلے ہوئی اور پھر وہ مختلف براعظموں میں پھیل گئے۔

خضر کو پتہ نہ تھا کہ ساری دنیا کے انسانوں کے آبا و اجداد افریقی تھے۔

کثیر الکائناتی دنیا

جوں جوں خضر نے فلکیات کا مطالعہ اور تجزیہ کیا تو اس پر یہ راز منکشف ہوا کہ ہم سب انسان یک کائناتی دنیا میں نہیں بلکہ کثیر الکائناتی دنیا میں زندگی گزار رہے ہیں۔

بچوں کی طرح دنیا میں کائناتیں پیدا ہوتی ہیں

کچھ کائناتیں چھوٹی ہوتی ہیں کچھ بڑی

کچھ پیدا ہونے کے کچھ عرصہ بعد مر جاتی ہیں

کچھ زندہ رہتی ہیں

پلتی بڑھتی ہیں

اور کہکشاؤں ستاروں اور سیاروں میں تقسیم ہو جاتی ہیں۔

کائناتیں پھیلتی ہیں

پھر پھیلتے پھیلتے رک جاتی ہیں

سکڑنے لگتی ہیں

سکڑتے سکڑتے بلیک ہول میں ضم ہو جاتی ہیں مر جاتی ہیں

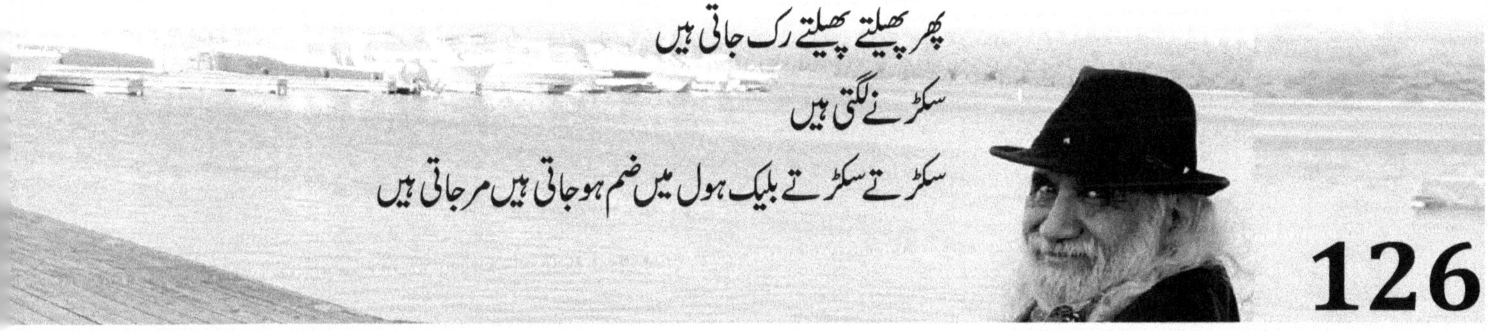

پھر اس بلیک ہول سے
نئی دنیا پیدا ہوتی ہے
اس طرح کائناتوں کے پیدا ہونے مرنے اور دوبارہ پیدا ہونے کا
ازلی وابدی سلسلہ جاری رہتا ہے
خضر کو یہ جان کر حیرانی ہوئی کہ
انسانوں نے جب کائناتوں کو دوربینوں سے دیکھا
تو انہیں پتہ چلا کہ
جن ہیولوں کو ہم نیبولا کہتے تھے
وہ دراصل ایسی کائناتیں اور کہکشائیں ہیں
جو ہم سے دور ہوتی جا رہی ہیں
دوربینوں کے مشاہدے
اور کائناتوں کے پھیلنے کی رفتار سے
سائنسدانوں نے تخمینہ لگایا
کہ ہماری کائنات تقریباً چودہ بلین سال پہلے
پیدا ہوئی تھی۔
سائنسدانوں نے اس پیدائش کے لمحے کا نام بگ بینگ رکھ دیا

جب انسان سمجھتے تھے کہ دنیا میں ایک ہی کائنات ہے تو وہ اس کی پیدائش کا رشتہ ایک خالق سے جوڑتے تھے

لیکن جب یہ پتہ چلا کہ دنیا میں لاکھوں کروڑوں کائناتیں ہیں جو

پیدا بھی ہو رہی ہیں

مر بھی رہی ہیں

اور

دوبارہ بھی پیدا ہو رہی ہیں

تو ایک کائنات کے ایک خالق کا تصور بے معنی ہو گیا۔

جب ہماری کائنات مر بھی جائے گی

تب بھی اور کائناتیں موجود ہوں گی

اسی لیے وقت کا تصور

اور

ازل ابد کا تصور

اضافی ہو گیا

جب خضر نے یہ سب کچھ جانا تو اسے اپنے چچا شاعر کا یہ شعر یاد آیا

وقت اک بحرِ بے پایاں ہے کیسا ازل اور کیسا ابد

وقت کے ناقص پیمانے ہیں ماضی مستقبل اور حال
خارجی کائناتوں پر غور و خوض کرتے ہوئے خضر کو یہ بھی خیال آیا کہ
ایک کائنات انسان کے باہر ہوتی ہے ایک اندر
ایک کائنات خارجی ہوتی ہے ایک داخلی
اور کائنات کے پھیلنے کا تصور خارجی کائنات پر ہی نہیں داخلی کائنات پر بھی لاگو ہوتا ہے۔
خضر کو پھیلتی کائنات کا خیال بہت دلکش لگا۔

سچائیاں

خضر جس ماحول اور جس معاشرے میں پلا بڑھا تھا اور جہاں اس نے زندگی کی صبح گزاری تھی وہاں سب لوگ یہی مانتے تھے کہ اس دنیا میں ایک ہی کائنات ہے اور ایک ہی سچائی ہے اور وہ سچائی ازلی و ابدی سچائی ہے وہ حتمی اور مطلق سچائی ہے لیکن جب خضر زندگی کی شام میں داخل ہوا تو اسے احساس ہوا کہ جس طرح دنیا میں بہت سی خارجی کائناتیں ہیں اسی طرح انسانوں کی بہت سی داخلی کائناتیں ہیں۔
ہر انسان ایک پھیلتی ہوئی کائنات ہے جو
پیدائش سے شروع ہوتی ہے
اور موت پر ختم ہوتی ہے۔
خضر نے یہ بھی جانا کہ
دنیا میں اتنے ہی سچ ہیں جتنے انسان
اور
اتنی ہی حقیقتیں ہیں جتنی آنکھیں۔

سائیکولوجی

خضر کی ایک بین الاقوامی کانفرنس میں ایک پروفیسر سے ملاقات ہوئی جس کا نام سائیکولوجی تھا۔ خضر اس پروفیسر کی دانشوری سے اتنا متاثر ہوا کہ اس نے نفسیات کا خصوصی انٹرویو لیا۔

سائیکولوجی نے خضر کو بتایا کہ جس وقت اس کی کزن کاسمولوجی خارجی دنیا کے راز جان رہی تھی اس وقت وہ انسانوں کی داخلی دنیا کے تاریک گوشوں میں جھانک رہی تھی اور اس کا بھائی نیورولوجی دماغ اور ذہن کے پراسرار رشتے کا سراغ لگا رہا تھا۔

سائیکولوجی نے خضر کو بتایا کہ انسانی تاریخ کا ایک وہ دور تھا جب سائیکی کا ترجمہ روح کیا جاتا تھا۔

اس دور میں مذہبی لوگوں کا یہ عقیدہ تھا کہ روح عالم ارواح سے رحم مادر میں آ کر بچے کے جسم میں داخل ہوتی ہے اور موت کے وقت واپس عالم ارواح میں چلی جاتی ہے۔

مذہبی لوگوں میں کچھ ایسے تھے جن کا ایمان تھا کہ وہ روح واپس زمین پر نہیں آتی اور قیامت کا انتظار کرتی ہے۔ قیامت کے دن اس کا حساب ہوگا اگر نیک اعمال زیادہ

ہوئے تو وہ جنت میں چلی جائے گی اور بداعمال زیادہ ہوئے تو وہ جہنم میں چلی جائے گی۔

مذہبی لوگوں میں کچھ ایسے بھی تھے جن کا عقیدہ تھا کہ روح روپ بدل بدل کر بار بار زمین پر آتی ہے اور اپنے کرما کی وجہ سے پچھلے جنم کی سزا کاٹتی ہے اور جب اسے نروان حاصل ہو جاتا ہے تو پھر وہ واپس کبھی نہیں آتی۔

سائیکولوجی نے خضر کو یہ بھی بتایا کہ قیامت اور اوا گون پر ایمان لانے والوں کے ساتھ اب ایک نئے گروہ کا اضافہ ہوا ہے جو سائیکی کا ترجمہ روح نہیں کرتا بلکہ ذہن کرتا ہے۔ یہ روایت سیکولر روایت ہے اور اس روایت کو ماننے والے جسم سے علیحدہ روح پر ایمان نہیں رکھتے۔ ان کا تصور ہے کہ انسانی ذہن کا تعلق انسانی جسم، انسانی دماغ اور انسانی شخصیت سے ہے اور جب انسان کا جسم مرتا ہے تو ذہن بھی مر جاتا ہے اور کچھ باقی نہیں رہتا۔

سائیکولوجی نے خضر کو یہ بھی بتایا کہ انسانی ارتقا کے سفر میں انسان نے لاشعوری زندگی سے شعوری زندگی کا سفر طے کیا ہے۔

ماہر بشریات ڈارون نے جسمانی لاشعور سے جسمانی شعور کے سفر کے راز جانے

ماہر نفسیات فرائڈ نے ذہنی لاشعور سے ذہنی شعور کے سفر کے احوال بتائے اور

ماہر سماجیات مارکس نے سماجی لاشعور سے سماجی شعور کے سفر کی گتھیاں سلجھائیں

خضر نے یہ بھی جانا کہ جدید دور میں ماہرین بشریات' ماہرین نفسیات ار ماہرین سماجیات آپس میں مل کر زندگی اور انسان کے ارتقا کے راز جان رہے ہیں تا کہ وہ انسانی ارتقا کے سفر کو تیز کر سکیں اور کرہ ارض پر پرامن معاشرے قائم کر سکیں۔

سائیکولوجی نے خضر کی روحانیات کے بارے میں رائے پوچھی تو خضر نے مسکراتے ہوئے کہا کہ

روحانیت کا تعلق انسانیت سے ہے
کسی مافوق الفطرت شخصیت سے نہیں

سیاحت

خضر کو سیاحت کا بہت شوق تھا۔

وہ مختلف

شہروں اور دیہاتوں

ملکوں اور براعظموں

میں گھوما

بہت سے لوگوں سے ملا

اور

اس نے ان سے بہت کچھ سیکھا۔

ہندوستان میں خضر کی ملاقات ایک عورت سے ہوئی جس کا نام نروان تھا وہ مہاتما بدھا کی پیروکار تھی۔ اس نے خضر کو بدھا کا یہ قول سنایا کہ انسان کا اپنا تجربہ ہی اس کا سب سے بڑا استاد ہوتا ہے۔

یونان میں خضر کی ملاقات ایک دانشور سے ہوئی جو سقراط کا پرستار تھا۔ اس نے خضر کو

سقراط کے اس قول کا تحفہ دیا کہ
وہ زندگی گزارنے کے قابل نہیں جو اپنا احتساب نہ کرے
شمالی امریکہ میں خضر کی ملاقات ایک سرخ فام انڈین بزرگ عورت سے ہوئی۔ اس عورت نے خضر کو بتایا کہ ہم سب انسانی بہن بھائی ہیں کیونکہ ہم سب دھرتی ماں کے
بچے ہیں اور
خدا ایک عظیم راز ہے۔
چین میں خضر کو ایک بزرگ خاتون ملی جو کنفیوشس کے اقوال کا مطالعہ کر رہی تھی۔
اس نے خضر کو کنفیوشس کا سنہری اصول بتایا کہ
دوسروں کے ساتھ ویسا ہی سلوک کرو
جیسا کہ تم چاہتے ہو
وہ تمہارے ساتھ کریں۔

135

عاجزی

ایک دفعہ خضر ایک ایسی محفل میں گیا جہاں دنیا بھر کے سنت، سادھو اور صوفی جمع ہوئے تھے۔ اس محفل میں خضر کی ملاقات ایک ایسے درویش سے ہوئی جس کا نام عاجزی تھا۔

عاجزی نے خضر کو بتایا کہ

علم متکبر ہوتا ہے جبکہ دانائی میں منکسر المزاجی پائی جاتی ہے۔

عاجزی نے اپنے موقف کی وضاحت کے لیے خضر کو جو کہانی سنائی وہ کچھ یوں تھی۔

چند دوستوں نے ایک متکبر پروفیسر کو مشورہ دیا کہ وہ درویش سے جا کر ملے تا کہ کچھ سیکھ سکے۔

پروفیسر نے سوچا کہ یہ کم علم درویش مجھے کیا سکھائے گا لیکن دوستوں کے اصرار پر درویش سے ملنے چلا گیا۔

درویش اپنی کٹیا کے باہر بیٹھا آرام کر رہا تھا۔

درویش نے پروفیسر کا مسکرا کر خیر مقدم کیا اور کہا کہ آپ تشریف رکھیں میں آپ کے

لیے چائے لاتا ہوں۔

پروفیسر بیٹھ گیا اور درویش اپنی کٹیا میں چائے لینے چلا گیا۔

درویش واپس آیا تو اس کے پاس ایک چائے سے بھری چینک اور دو خالی پیالیاں تھیں۔ اس نے ایک پیالی اپنے سامنے اور دوسری پروفیسر کے سامنے رکھی۔

پھر اس نے پروفیسر کے سامنے رکھی پیالی میں چائے انڈیلنی شروع کر دی۔ پیالی بھر گئی لیکن درویش اس میں چائے ڈالتا چلا گیا۔

پروفیسر نے جب درویش کی یہ حرکت دیکھی تو ہنسا اور کہا

کیا تم احمق ہو۔

کیا تم نہیں دیکھتے کہ پیالی بھر چکی ہے اب اس میں مزید چائے نہیں جائے گی

درویش مسکرایا اور کہا

تمہارا دماغ بھی اس پیالی کی طرح بھرا ہوا ہے اس میں مزید کچھ نہیں جا سکتا۔

مجھ سے ملنے اس وقت آنا جب تمہارا دماغ خالی ہو۔

تاریک رخ

خضر کو یہ جان کر بہت دکھ ہوا کہ زندگی کے روشن رخ کے ساتھ ایک تاریک رخ بھی ہے۔

جہاں روشنی ہے وہاں تاریکی بھی ہے
جہاں اچھائی ہے وہاں برائی بھی ہے
جہاں حیات ہے وہاں موت بھی ہے
جہاں امن ہے وہاں تشدد بھی ہے۔
جہاں علم ہے وہاں جہالت بھی ہے۔

خضر کو یہ جان کر بہت دکھ ہوا کہ ساری دنیا میں ہزاروں لاکھوں مرد اور عورتیں ایسی ہیں جو اپنے کرشماتی خصوصیات رکھنے والے مذہبی رہنماؤں کی اندھی تقلید کرتی ہیں۔ وہ رہنما تشدد اور جنگ کے مقدس جواز پیش کرتے ہیں۔

خضر کو زندگی کے تاریک پہلو کو قبول کرنے میں بہت مشکل پیش آئی لیکن پھر اسے یہ جان کر حوصلہ ہوا کہ

138

تاریک رات کے بعد روشن صبح طلوع ہوتی ہے

اور اگر لوگ صبر کا مظاہرہ کریں تو

وہ

خرابی سے پیدا ہونے والی خوبی

برائی کی کوکھ سے جنم لینے والی اچھائی

بھی دیکھ سکتے ہیں۔

لیکن اسکے لیے کئی سالوں کئی دہائیوں اور

بعض دفعہ کئی صدیوں کا انتظار کرنا پڑتا ہے

خضر جب اپنے اردگرد ظلم جبر اور تشدد دیکھتا تو سوچتا

کیا انسانیت تشدد کی اس تاریک رات کی کوکھ سے پرامن صبح پیدا کر سکے گی یا

خانہ جنگیوں اور مہلک ہتھیاروں سے اجتماعی خودکشی کر لے گی۔

عدم تشدد

خضر انٹرنیٹ کی کرامات سے بہت متاثر ہوا تھا کیونکہ اس کی کئی ایسے شاعروں ادیبوں اور دانشوروں سے غائبانہ ملاقاتیں ہوگئی تھیں جن سے وہ کبھی نہ ملا تھا اور نہ ہی ملنے کے امکانات تھے۔

انٹرنیٹ کی غائبانہ ملاقاتوں میں سے ایک ملاقات ایک ایسے سیاسی سائنسدان اور دانشور سے تھی جس کا نام عدم تشدد تھا۔

عدم تشدد نے خضر کی عالمی امنپر کتاب

امن اور تشدد کے پیغام بر

پڑھ کر اس سے رابطہ قائم کیا اور دوستی کا ہاتھ بڑھایا۔

خضر نے عدم تشدد سے گفتگو کی تو اسے پتہ چلا کہ اس کی عمر اسی برس تھی اور وہ ساری دنیا کے بہت سے امن کے پرستاروں سے دوستی کر چکا تھا۔

جب عدم تشدد نے امن کے حوالے سے کتاب مرتب کی تو اس نے خضر کی نظمیں اور کہانیاں بھی اس میں شامل کیں اور پھر ان کا مختلف زبانوں میں ترجمہ بھی کروایا۔

خضر نے جب عدم تشدد کی تخلیقات کا سنجیدگی سے مطالعہ کیا تو اسے اندازہ ہوا کہ عدم تشدد نے تاریخ سے وہ سب حیاتیاتی ' نفسیاتی اور سماجی عوامل کو اکٹھا کر رکھا تھا جن سے یہ ثابت ہوتا تھا کہ انسان بنیادی طور پر متشدد نہیں امن پسند مخلوق ہے۔

انسان اپنے خاندان اور سماج سے نفرت اور تشدد سیکھتا ہے اور پھر خانہ جنگیوں اور بین الاقوامی جنگوں مین اس کا اظہار کرتا ہے۔

عدم تشدد کا ایمان تھا کہ انسان ایک دن کرہ ارض پر پرامن معاشرے قائم کر سکیں گے جہاں ہر انسان اپنی مرضی سے زندگی گزارے گا اور کسی کو قتل ہونے کا کوئی خطرہ نہیں ہوگا۔

خضر نے عدم تشدد کی مہربانیوں کا شکریہ ادا کرنے کے ساتھ اسے اپنی ایک نظم بھی بھیجی جس کا عنوان تھا۔

دکھ

ہم دکھی ہیں
ہم سب دکھی ہیں
ہم نجانے کب سے خاموشی سے یہ دکھ جھیل رہے ہیں

ہم سب کا ایک جیسا تجربہ ہے
ہم بچپن سے
اپنے والدین کی غفلت کا شکار رہے
اپنے اساتذہ کی جہالت سے متاثر ہوئے
ہم نے اپنے ہمسایوں کو تشدد کرتے دیکھا
ہم نے اپنے فوجیوں کو جنگ میں مرتے دیکھا
لیکن اب ہم جوان ہو گئے ہیں
عاقل و بالغ ہو گئے ہیں
اب ہم جانتے ہیں کہ
ہم ایک دوراہے پر کھڑے ہیں
ایک راستہ جنگ کی طرف
دوسرا راستہ امن کی طرف جاتا ہے
اور ہمیں اختیار ہے کہ
ہم کس راستے کا انتخاب کریں
اگر ہم امن کا راستہ اپنائیں گے
تو اگلی نسلیں

امن کی زندگی گزاریں گی
یہ ہم سب کی سماجی ذمہ داری ہے کہ ہم
پہلے عالمی امن کے خواب دیکھیں
اور پھر
ان خوابوں کو شرمندہ تعبیر کریں

وعدہ

خضر کا جب عالمی ادب کے بارے میں مطالعہ بڑھا تو اس نے جانا کہ امن کے پرستاروں کے دو گروہ ہیں

پہلا گروہ ان شاعروں ادیبوں اور دانشوروں کا ہے جو امن کا ادب تخلیق کرتے ہیں اور لوگوں کو پرامن زندگی گزارنے کی ترغیب دیتے ہیں

دوسرا گروہ ان سماجی کارکنوں اور سیاسی رہنماؤں کا ہے جو امن کے لیے عملی جدوجہد کرتے ہیں اور امن کی خاطر ظالموں جابروں اور آمروں سے لڑتے ہیں۔

خضر کو احساس ہوا کہ تاریخ میں امن لانے کے لیے ان دونوں گروہوں نے مل کر کام کیا اور ایک دوسرے سے جو وعدہ کیا وہ کچھ یوں تھا

وعدہ

ہم وعدہ کرتے ہیں

ہم سب وعدہ کرتے ہیں

ہم سب مل کر کام کرنے کا وعدہ کرتے ہیں

ہم ایک ایسی دنیا بنانے کا وعدہ کرتے ہیں جہاں

کوئی بچہ بھوکا نہ سوئے گا

کوئی نوجوان تعلیم سے محروم نہ رہے گا

کوئی عورت اپنے شوہر سے نہیں پٹے گی

کوئی مرد بے روزگار نہیں ہوگا

کوئی بزرگ احساس تنہائی کا شکار نہیں ہوگا

ہم وعدہ کرتے ہیں

ہم مل کر وعدہ کرتے ہیں

ہم سب مل کر پرامن معاشرہ قائم کرنے کا وعدہ کرتے ہیں

امن

جب خضر نے امن کے نوبل انعام کے خطبات کا مطالعہ اور تجزیہ کیا تو اس کا تین اقسام کے امن سے تعارف ہوا۔

معاشی امن

بنگلہ دیش کے نوبل انعام یافتہ ماہر معاشیات پروفیسر یونس کا موقف تھا کہ غربت کا تشدد سے گہرا تعلق ہے۔ یونس نے گرامین بینک کی بنیاد رکھی اور لاکھوں دیہاتی خواتین کو قرض دیے تا کہ وہ چھوٹے چھوٹے کاروبار کرسکیں' اپنے بچوں کی کفالت کر سکیں اور معاشرے میں معاشی امن کی بنیاد رکھ سکیں۔

سماجی امن

امریکی نوبل انعام یافتہ سیاسی رہنما مارٹن لوتھر کنگ جونیر کا کہنا تھا کہ بعض معاشروں میں نسلی تعصب تشدد کا باعث بنتا ہے۔ اس لیے ہم نسلی ہم آہنگی سے سماجی امن کی بنیاد

رکھ سکتے ہیں۔

سیاسی امن

جنوبی افریقہ کے نوبل انعام یافتہ رہنما نیلسن منڈیلا کا موقف تھا کہ سیاسی امن کے قیام کے لیے ہمیں اپنے سابقہ دشمنوں سے ہاتھ ملانے کے لیے تیار رہنا چاہیے۔

خضر دنیا بھر کے امن پسندوں سے اتنا متاثر ہوا کہ اس نے ایک نظم لکھی جس کا عنوان تھا

امن کی قوس قزح

دنیا میں

ایک خارجی امن ہے ایک داخلی امن

ایک نفسیاتی امن ہے ایک سماجی امن

ایک مذہبی امن ہے ایک سیاسی امن

ایک مقامی امن ہے ایک عالمی امن

یہ سب امن کے مختلف رنگ ہیں

اور ہمیں

امن کی قوس قزح کے لیے

ان سب رنگوں کی ضرورت ہے۔

رشتے

خضر انسانی رشتوں کی پراسراریت کے بارے میں متجسس رہتا تھا چاہے وہ رشتے جذباتی ہوں، رومانی ہوں یا روحانی۔ ان رشتوں کے راز جاننے کی کوشش میں اس نے ایک نظم لکھی جس کا عنوان تھا

نامکمل ناول

ہر انسان
ایک نامکمل ناول ہے
جو پیدائش کے وقت شروع ہوتا ہے
اور
موت کے وقت ادھورا رہ جاتا ہے
جب دو انسان

ایک محبت بھرا رشتہ استوار کرتے ہیں
تو تیسرا ناول معرض وجود میں آتا ہے
جب تین ناول بیک وقت لکھے جا رہے ہوں
تو ان کے پلاٹ گنجلک ہو جاتے ہیں
دلچسپی کی بات یہ ہے کہ
کچھ ناول مختصر ہوتے ہیں کچھ طویل
کچھ ناول مذاہیہ ہوتے ہیں کچھ سنجیدہ
کچھ ناول عاشقانہ ہوتے ہیں کچھ فلسفیانہ
کچھ ناول پرامن ہوتے ہیں کچھ پر تشدد
زندگی میں ایسا وقت بھی آتا ہے
جب ہم محسوس کرتے ہیں کہ
ہم سب
کسی نامکمل ناول کے نامکمل ابواب ہیں
وہ ناول جو انسان
صدیوں سے لکھ رہے ہیں
ہم میں سے ہر ایک

ایک نئے کردار کے طور پر داخل ہوتا ہے
اور ہم
محبت بھرے رشتے استوار کرتے ہیں
تا کہ
ناول میں سسپنس پیدا ہو
ستم ظریفی یہ ہے کہ
نہ تو ہم
اپنے کرداروں کی ریہرسل کر سکتے ہیں
اور نہ ہی
انہیں دوبارہ لکھ سکتے ہیں۔

آخری ملاقات

جب خضر کو اپنی بہن کا پیغام آیا کہ ان کے والد کے گردوں نے کام کرنا چھوڑ دیا ہے

اور وہ اس دنیا میں چند دنوں کے مہمان ہیں تو وہ اپنے والد سے آخری بار ملنے روایت

کی سرزمین گیا

خضر کی جب اپنے والد سے بستر مرگ پر آخری ملاقات ہوئی

تو خضر نے پوچھا

ابا جان زندگی کی قیمت کیا ہے؟

والد نے جواب دیا

ایک گلاس پانی

جب خضر نے اس جواب کی وضاحت چاہی تو اس کے والد نے یہ کہانی سنائی

ایک بادشاہ کو شکار کا بہت شوق تھا۔ ایک دفعہ وہ اپنے ساتھیوں کے ساتھ جنگل میں

گھوم پھر رہا تھا کہ اسے ایک ہرن دکھائی دیا۔

بادشاہ نے ساتھیوں سے کہا

تم یہاں رکو میں اکیلا جا کر اس ہرن کا شکار کرتا ہوں
بادشاہ نے اس ہرن کا پیچھا کیا لیکن وہ ہرن بہت تیز تھا اس لیے وہ بادشاہ کے قابو نہ آیا اور بادشاہ نے ہرن کے ساتھ اپنے ساتھیوں کو بھی کھو دیا۔
بادشاہ کو یہ بھی احساس ہوا کہ وہ بہت پیاسا تھا اور اس کے پاس پانی نہیں تھا۔
کئی گھنٹے کھوئے اور پیاسے رہنے کے بعد اسے ایک درویش کی جھونپڑی نظر آئی۔
بادشاہ نے درویش کے پاس جا کر پوچھا
کیا ایک گلاس پانی مل سکتا ہے؟
درویش نے اس کا سراپا دیکھا اور شاہی لباس سے پہچان لیا کہ یہ بادشاہ ہے۔
درویش نے کہا دنیا میں ہر چیز کی ایک قیمت ہوتی ہے
ایک پانی گلاس کی کتنی قیمت ہے؟ بادشاہ نے پوچھا
آدھی بادشاہت۔ درویش نے کہا
یہ تو بہت زیادہ ہے
تمہاری مرضی۔ تمہیں فیصلہ کرنے کا اختیار ہے
پھر درویش نے بادشاہ کو کاغذ اور قلم دیا اور بادشاہ نے کاغذ پر درویش کو آدھی سلطنت دینے کا وعدہ لکھ دیا اور گلاس کا پانی لے لیا۔
پانی کا گلاس پی کر بادشاہ ایک دفعہ پھر اپنے ساتھیوں کو تلاش کرنے نکل پڑا لیکن اسے

اپنے ساتھی نہ ملے لیکن اس کے پیٹ میں درد شروع ہو گیا۔

وہ واپس درویش کے پاس آیا اور کہا کہ مجھے پیشاب آنا بند ہو گیا ہے۔

درویش نے کہا میرے پاس ایسی جڑی بوٹیاں ہیں جنہیں کھا کر تمہارا مسئلہ حل ہو سکتا ہے لیکن اس کی بھی قیمت ہے

کتنی قیمت؟ بادشاہ نے پوچھا

آدھی بادشاہت

یہ تو بہت زیادہ ہے۔ بادشاہ نے کہا

تمہاری مرضی

اور درویش نے ایک دفعہ پھر کاغذ قلم بادشاہ کو دیے اور اس نے بقیہ بادشاہت بھی کاغذ پر لکھ دی۔

درویش نے جڑی بوٹیاں دیں بادشاہ نے کھائیں اور اسے پیشاب آ گیا۔

بادشاہ نے درویش کا شکریہ ادا کیا۔

جب بادشاہ گھوڑے پر بیٹھ کر رخصت ہو رہا تھا تو اس نے مڑ کر دیکھا تو اسے کیا نظر آیا کہ جس کاغذ پر بادشاہ نے پوری سلطنت دینے کا وعدہ کیا تھا درویش نے وہ کاغذ آگ میں پھینک دیا۔

بادشاہ واپس آیا اور درویش سے پوچھا کہ تم نے میری ساری سلطنت کو آگ میں

کیوں پھینک دیا

درویش مسکرایا اور بولا

تمہاری ساری سلطبت کی قیمت صرف ایک گلاس پانی کے برابر ہے

خضر کو اپنے والد کے اس دنیا سے رخصت ہونے کا غم تھا لیکن اس بات کی خوشی تھی کہ اس نے اپنے والد سے گہری محبت پائی تھی اور بہت سی دانائی سیکھی تھی۔

خضر کو اپنے والد پر فخر تھا اور اس کی خواہش تھی کہ دنیا میں اور بھی باپ ایسے ہوں جن پر ان کے بچے فخر کر سکیں۔

تلاش

خضر نے اپنی زندگی کی
نجانے کتنی صبحیں اور کتنی شامیں
کتنے دن اور کتنی راتیں
کتنے سال اور کتنی دہائیاں
یہ سوچتے گزار دیں
کہ اسے
اپنے سوال کا جواب نہ ملا
ایسا جواب جو
زندگی کا معمہ حل کر دے
زندگی کی بجھارت بوجھ لے
زندگی کا راز منکشف کر دے
اس نے

ساری دنیا کا سفر کیا
اور
بہت سے
ادیبوں اور شاعروں
فنکاروں اور دانشوروں
درویشوں اور فلاسفروں
سے ملاقاتیں کیں
ان سے زندگی کا راز پوچھا
لیکن اسے کوئی تسلی بخش جواب نہ ملا
اور آخر جواب ملا بھی تو
اپنے ہی پچھواڑے میں
اپنے ہی خاندان میں
اپنے ہی گھر میں
ایسی جگہ
جہاں اسے بالکل توقع نہ تھی کہ کوئی جواب ملے گا

امید

خضر کو جب سے آئینے میں اپنے بالوں میں چاندی کے تار دکھائی دیے تھے اور اسے اندازہ ہو گیا تھا کہ زندگی کی شام آن پہنچی ہے وہ قدرے بے چین رہتا تھا۔ اسے راتوں کو نیند نہیں آتی تھی۔

وہ ماضی کی طرف دیکھتا اور
اپنے دکھوں اور سکھوں
مصیبتوں اور آزمائشوں
پر غور کرتا تو اسے احساس ہوتا کہ وہ
پوری حقیقت اور پورا سچ جانے بغیر
مرنا نہیں چاہتا تھا۔

ایک شام وہ اپنے ہی گھر میں چہل قدمی کر رہا تھا کہ فون کی گھنٹی بجی۔

اس نے فون اٹھایا تو معلوم ہوا کہ اس کی بیٹی عزم کا فون ہے اس نے خضر سے کہا کہ اس نے خضر کا پسندیدہ کھانا بنایا ہے اور وہ آ کر عزم اور اس کی بیٹی امید کے ساتھ شام

کا کھانا کھائیں۔ خضر نے دعوت قبول کر لی یہ سوچتے ہوئے کہ شاید ڈنر کھانے سے اس کا دل بہل جائے۔

جب خضر عزم کے گھر پہنچا تو اپنی نواسی امید سے مل کر بہت خوش ہوا۔

امید بھاگی بھاگی آئی اور اس نے خضر کو گلے لگایا۔

خضر ان کے گھر کے پیچھے باغ میں بیٹھ کر چائے پینے لگا

امید بھاگتی ہوئی اپنے کمرے میں گئی اور اپنا نیا لباس اور نیا بیگ لے کر آئی تا کہ خضر کو دکھا سکے۔

عزم نے خضر کو بتایا کہ امید اگلے دن سے سکول جانا شروع کرے گی اسی لیے وہ سکول جانے کی تیاری کر رہی ہے۔

خضر نے عزم کو مبارکباد دی اور پوچھا کہ کیا اسے یاد ہے جب وہ خود پہلے دن سکول جانے کی تیاری کر رہی تھی اور خضر نے اسے ایک تحفہ دیا تھا۔

عزم مسکرائی اور اس نے اپنے کمرے سے وہ بٹن خضر کو لا کر دکھایا جو خضر نے اسے تحفے کے طور پر دیا تھا

خضر کو یقین نہ آیا کہ عزم نے وہ بٹن پچیس سال سے سنبھال کر رکھا تھا۔ اس بٹن پر لکھا تھا۔

I hope you do not

let your school

interfere with your education

(مجھے امید ہے کہ تم اپنے سکول کو اپنی تعلیم میں مداخلت نہ کرنے دو گی)

ایک لذیذ کھانے اور عزم اور امید کے ساتھ مکالمے کے بعد جب خضر واپس اپنے گھر جا رہا تھا تو اسے اس نوے سالہ ہندوستانی بزرگ کی کہانی یاد آ رہی تھی جو اپنے باغ میں ایک آم کا درخت لگا رہا تھا۔

جب اس بزرگ کے ہمسائے نے کہا

بابا جی آپ جانتے ہیں کہ آم کے درخت کو پھل دینے میں سات سال لگ جاتے ہیں ہو سکتا ہے اس وقت تک آپ زندہ نہ ہوں

تو بابا جی نے مسکراتے ہوئے کہا تھا

یہ درخت میں اپنے لیے نہیں اپنے نواسے اور نواسیوں، پوتے اور پوتیوں کے لیے لگا رہا ہوں۔

خضر کو اس شام احساس ہوا کہ اس نے سچ کی جتنی تلاش کرنی تھی کر لی ہے اب اسے اس بات پر بھروسہ کرنے کی ضرورت ہے کہ اس کی بیٹی عزم اور اس کی نواسی امید آنے والی نسلوں کی نمائندہ بن کر اس سچ کی تلاش کو آگے بڑھائیں گے۔

اس شام خضر نے اپنی ڈائری میں لکھا

ہر نئی نسل
انسانی ارتقا کا
ایک نیا باب تحریر
ایک نئی کہانی تخلیق کرتی ہے
ڈائری کا وہ صفحہ لکھنے کے بعد خضر کو کئی بے خواب راتوں کے بعد اس رات گہری نیند آئی۔
یوں لگتا تھا جیسے اس کی
بے چین روح کو
چین آ گیا ہو
ذہن کو سکون مل گیا ہو
دل کو آشتی مل گئی ہو
زندگی کو شانتی مل گئی ہو۔

نئی صبح

خضر کو آزادی کی سرزمین میں زندگی گزارتے ہوئے تین دہائیوں سے زیادہ عرصہ گزر گیا تھا۔

اس نے نجانے کتنی مرتبہ جھیل کے کنارے لمبی سیر کی تھی اور وہ پانی کی لہروں، آبی پرندوں اور سورج کی کرنوں سے لطف اندوز ہوا تھا۔ وہ جھیل اسے اس دریا کی یاد دلاتی تھی

جس کے کنارے وہ نوجوانی میں

سیر کے لیے جایا کرتا تھا

جس کے کنارے سیر کرتے ہوئے اسے

پہلی دفعہ یہ احساس ہوا تھا کہ زندگی ایک تحفہ ہے

اور اس نے عہد کیا تھا کہ وہ

اپنی زندگی کو بامقصد بنائے گا۔

اس صبح جب خضر بیدار ہوا تو اس کے دل میں جھیل سے ملنے کی خواہش نے سرگوشی کی اور پھر اس خواہش میں شدت پیدا ہوتی گئی۔

خضر نے کھڑکی سے باہر دیکھا تو اسے یوں محسوس ہوا جیسے جھیل اسے بلا رہی ہو۔ خضر باہر آیا تو اسے اپنے چہرے پر صبح کی تازہ ہوا کے ساتھ بارش کے قطرے بھی محسوس ہوئے۔

جب بارش رک گئی تو خضر نے جھیل کی طرف دوبارہ دیکھا تو اسے ایک پرسکون منظر دکھائی دیا

جھیل اسے بلا رہی تھی

دعوت دے رہی تھی

اس سے ملنا چاہتی تھی

خضر کو محسوس ہوا جیسے وہ جھیل صرف جھیل نہیں رہی تھی وہ اس کی دوست بن چکی تھی۔ وہ اسے اپنے دل میں چھپے راز بتانا چاہتی تھی۔

خضر جھیل کی طرف کچے دھاگے سے کھنچتا چلا گیا۔

وہ کافی دیر تک جھیل کے کنارے گیلی ریت پر چلتا رہا۔

جب اس نے لہروں کی سرگوشیاں سننے کے لیے آنکھیں موندیں تو اسے احساس ہوا کہ وہ

اپنے انجام تک
اپنے اختتام تک پہنچ گیا ہے
سفر کا اختتام
ایک دور کا اختتام
ایک جدوجہد کا اختتام
خضر کو احساس ہوا کہ
جنگ ختم ہو چکی تھی
اپنے آپ سے جنگ
اپنے اندر کی جنگ
وہ خاموش ہو گیا تھا
پرسکون ہو گیا تھا
اس نے اپنی ذات کی
اپنے من کی
گہرائیوں میں ساکت پانی کو
بہتا محسوس کیا تھا۔
وہ صبح صادق کا وقت تھا

خضر پرسکون تھا
ہوا پرسکون تھی
جھیل پرسکون تھی
اور پھر
نجانے کیوں
خضر کی آنکھوں سے آنسو چھلک کر
ایسے
اس کے گالوں پر بہنے لگے تھے
جیسے
وہ پھول کی پنکھڑیوں پر
شبنم کے قطرے ہوں۔